FIFTY-FOUR
Sylmar Branch Library
14561 Polk Street
Sylmar, CA 91342

P9-CAM-752

101 Ejercicios de fútbol para jóvenes

12 a 16 años

84 SYLMAR

FEB 0 3 2006

101 Ejercicios de fútbol para jóvenes

12 a 16 años

Malcolm Cook

S
79
27
71

TUTOR

166427550

Editor: Jesús Domingo
Coordinación editorial: Paloma González
Asesor técnico: Carlos G. Cantarero,
    entrenador nacional de fútbol

Primera edición: 2000
Reimpreso en 2002

No está permitida la reproducción total o parcial de este libro, ni su tratamiento in-
formático, ni la transmisión de ninguna forma o por cualquier medio, ya sea electró-
nico, mecánico, por fotocopia, por registro u otros métodos, sin el permiso previo y
por escrito de los titulares del *Copyright*.

Título original: *101 Youth Soccer Drills. Age 12 to 16*
Publicado en U.K. por A&C Black (Publishers) Ltd., London
© 1999 *by* Malcolm Cook
© 2000 de la versión española
    by Ediciones Tutor, S.A.
    Marqués de Urquijo, 34. 28008 Madrid
    Tlf.: 91 559 98 32. Fax: 91 541 02 35
    E-mail: info@edicionestutor.com
    www.edicionestutor.com

Socio fundador
de la World Sports Publishers` Association
(WSPA)

Traducido por Juan José Sobrino Ibáñez
para Seven Servicios Integrales
Fotografía de cubierta: Action Images Plc.
Diseño de cubierta: Digraf

ISBN: 84-7902-264-7
Depósito legal: M. 35.407-2002
Fotocomposición: Fernández Ciudad, S. L.
Impreso en: Gráficas Rógar, S. A.
Impreso en España - *Printed in Spain*

Agradecimientos:
A Action Images Plc. Por la fotografía de cubierta.
A Jean Ashley por las ilustraciones de las páginas 11 a 13.
A Sue Dods por el resto de las ilustraciones de este libro.
A Allsport UK, Ltd. por las fotografías de interior.

NOTA: A pesar de que los autores y los editores han hecho todo lo posible
para asegurarse de que el contenido de este libro sea técnicamente correcto en
el momento de su impresión, no se responsabilizan de ningún daño a personas, bienes u otra pérdida de cualquier tipo que se pudiera producir debido a
acciones realizadas basándose en este libro.

ÍNDICE

AGRADECIMIENTOS

Hay algunas personas a las que me gustaría agradecer su ayuda en la realización de este libro. Primero, a mi querida amiga Christine Holmes por su amabilidad y su total profesionalidad a la hora de corregir y mecanografiar el manuscrito, y dentro del plazo fijado (no lo habría conseguido sin ella). En segundo lugar, a Cheryl Rose por su continua ayuda, y en último lugar, aunque no por ello menos importante, a Dario Gradi (entrenador, Crewe Alexandra Football Club), uno de los mejores entrenadores de juveniles del fútbol internacional, por honrar este libro con su prefacio. Finalmente, mis mejores deseos para todos los entrenadores que trabajan con jóvenes, estén dónde estén, pues su trabajo marca una diferencia y es muy importante para el futuro de este gran juego. ¡Buen entrenamiento!

PRÓLOGO

Malcolm y yo nos encontramos por primera vez a finales de los años sesenta, justo cuando ambos estábamos evolucionando de jugadores a entrenadores. Yo era el primer entrenador regional de la Asociación de fútbol en Londres, y era el responsable de organizar demostraciones para los entrenadores y de supervisar en general la formación de los mismos. Malcolm había empezado a entrenar a escolares y a jugadores profesionales jóvenes.

Por aquel entonces, Malcolm era un investigador entusiasta sobre el entrenamiento, y este libro demuestra que ha descubierto un sistema muy válido de ejercicios para entrenadores que trabajen con jóvenes que deseen aprender a jugar. Los entrenadores, y sobre todo los que han estado trabajando con el mismo grupo de jugadores durante más de una temporada, están siempre buscando los mejores ejercicios que puedan aplicar con más facilidad en el campo, nuevos movimientos para el plan de juego o la manera de proporcionar nueva fuerza a los antiguos ejercicios.

101 ejercicios de fútbol para jóvenes es una referencia obligada para entrenadores, que se pueden beneficiar de los años de experiencia de Malcolm entrenando a jóvenes jugadores de fútbol.

DARIO GRADI
Entrenador
Crewe Alexandra Football Club

Arthur Numan, el defensa lateral izquierdo holandés, muestra un gran equilibrio entre sus funciones defensivas y de ataque. Es un oponente tenaz que espera el momento oportuno para entrar al balón rápidamente. En el ataque, utiliza su excelente izquierda para realizar centros hasta el área de castigo o disparar a puerta. *Foto: Alex Livesey*

INTRODUCCIÓN

Este libro servirá para ayudar al entrenador, profesor o padre a sacar el máximo resultado de las sesiones de entrenamiento con futbolistas juveniles. Su objetivo principal es proporcionar un programa detallado de ejercicios concretos, progresivos y realistas, que si se usan con regularidad, mejorarán sistemáticamente sus habilidades. Se ha puesto mayor énfasis en los ejercicios orientados a las necesidades específicas de los jóvenes con edades comprendidas entre los 12 y los 16 años.

Según se van convirtiendo en adolescentes, los jugadores jóvenes pueden comenzar a aprender habilidades técnicas más avanzadas que puedan usar en situaciones más reales. Durante la adolescencia, los jóvenes se vuelven más competitivos, especialmente los más maduros, y esto es necesario encauzarlo correctamente para que su rendimiento aumente de una manera óptima. Tanto los entrenadores, como los profesores y padres deben asegurarse de que no se trata a los jóvenes de esta edad como «pequeños adultos» en las sesiones de entrenamiento. Necesitan tener un apoyo, que se les inspire y guíe para que cada uno de ellos pueda desarrollar al máximo su potencial como jugador.

Mi esperanza es que este libro se convierta en un recurso esencial de ejercicios prácticos para entrenadores, profesores y padres que deseen que sus jugadores sean todo lo buenos que puedan ser.

Hay que indicar desde el principio que aunque se emplee el género masculino durante todo el libro, esto es sólo una conveniencia. Por supuesto, también se aplica a las jugadoras femeninas, que tanto aportan al deporte y que se desarrollan continuamente como les corresponde por pleno derecho.

CLAVES PARA LOS DIAGRAMAS

✗ Jugador

☒ o **☒** Jugador con el peto de color

0 Jugador contrario

P Portero

E Entrenador

•● Balones

△ △ Conos

▷ Banderín

Portería

⟶ Movimiento del balón

- - -▶ Movimiento del jugador con el balón

·····▶ Movimiento del jugador sin el balón

NOTAS:
- Los conos, que se usan como marcadores, no se mencionan siempre en el desarrollo del entrenamiento, pero se incluyen en la lista de equipamiento.
- Se puede utilizar cualquier otro objeto en sustitución de los conos y los banderines.

Capítulo 1

ORGANIZACIÓN DEL ENTRENAMIENTO

El buen entrenador debe esforzarse en producir un entorno de aprendizaje eficaz para sus jugadores, que promueva la seguridad, la diversión y la utilidad, y que asegure el progreso. Debe planear cada sesión por adelantado y decidir en qué habilidades o temas desea trabajar. Puede elegir del libro una combinación de ejercicios y tener preparado con tiempo el entrenamiento y el equipamiento para los jugadores. Una buena organización crea buen entrenamiento y motivación. Aquí tenemos algunas pautas básicas para que el entrenador las considere cuando emplee los ejercicios del libro.

ENTRENAMIENTO DE SAQUES

El entrenador tendrá que mostrar las maneras de pasar el balón a sus compañeros de equipo, y permitir a sus jugadores que las practiquen. Algunas de las técnicas les serán familiares, y otras, relativamente nuevas; sin embargo, todas serán útiles en su entrenamiento. La mayoría de los lanzamientos se realizan con las manos, pues así se garantiza la precisión. Cuando el jugador ya pueda golpear convenientemente el balón con el pie, podrá practicar también de esta manera.
Éstas son las técnicas de saque:

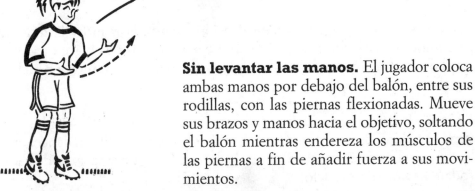

Sin levantar las manos. El jugador coloca ambas manos por debajo del balón, entre sus rodillas, con las piernas flexionadas. Mueve sus brazos y manos hacia el objetivo, soltando el balón mientras endereza los músculos de las piernas a fin de añadir fuerza a sus movimientos.

Saque de banda. El jugador situará ambas manos en la parte trasera del balón, que descansará detrás del cuello. Con una pierna delante de la otra, a fin de tener un mayor equilibrio, flexionará la parte superior del cuerpo hacia atrás antes de balancearse hacia delante en un movimiento suave para impulsar los brazos juntos hacia delante y enviar el balón en la dirección deseada.

Jabalina. El jugador balancea el balón usando la mano y la muñeca para asirlo con seguridad. Girará el cuerpo apuntando con el otro brazo hacia el objetivo. Después, el jugador desplazará su brazo con fuerza para lanzar el balón alto y lejos.

Bolos. (*Véase* la parte superior de la página siguiente). El jugador sostiene el balón desde abajo y se agachará sobre una rodilla; balanceará el brazo con el balón hacia atrás, antes de llevarlo hacia delante, a fin de hacer rodar el balón por el suelo.

Golpeo. Las técnicas convencionales como el golpeo con el interior (*véase* la figura central izquierda), que usa la parte interna del pie, es adecuada para lanzamientos de corto alcance, mientras que el golpeo con el empeine (*véase* la figura central derecha) se puede utilizar para lanzar a distancias más largas. Si se necesita lanzar más alto, como, por ejemplo, para que un jugador practique los remates de cabeza, el jugador que lanza puede elevarla hacia sí mismo antes de hacer una volea (*véanse* las figuras inferiores).

Muchos de los ejercicios requieren que uno de los jugadores lance el balón a un compañero de equipo para que éste tenga la oportunidad de practicar y desarrollar sus habilidades. Por tanto, la entrega del balón debe ser precisa y real para trabajar el control del balón, su lanzamiento o el remate de cabeza. Recuerde: «Un mal lanzamiento mata el entrenamiento».

BALONES

Muchos ejercicios no requieren una gran cantidad de balones. Sin embargo, y siempre que sea posible, éstos deberían ser de la mejor calidad disponible, prestando especial atención al tamaño y al peso. Por ejemplo, cuando se enseñe el remate de cabeza a jugadores jóvenes, hay que asegurarse de que su práctica sea un placer, y no un dolor, usando balones ligeros. Los balones de vóleibol son perfectos a este nivel hasta que los jugadores desarrollen la seguridad y la técnica necesarias para pasar al balón de fútbol convencional. Es una buena idea que el entrenador tenga una variedad de balones de diferentes tamaños, colores, diseños, pesos y texturas. De esta manera puede cambiarlos en virtud de la edad de los jugadores, la técnica que desee practicar o la dificultad del ejercicio.

EQUIPAMIENTO

La autodisciplina forma parte de todo buen futbolista. Puede impulsar esta cualidad entre sus jugadores fomentando el hábito de ayudar al entrenador a colocar y retirar el equipamiento que se ha utilizado en la sesión de entrenamiento. A los jugadores jóvenes les gusta ver un entorno de aprendizaje atractivo donde porterías móviles, petos de colores y conos, balones y banderines se instalan con seguridad. Esto es parte de la diversión.

ESPACIO

Las distancias y áreas mencionadas en el libro son sólo aproximadas. El entrenador necesita observar el espacio y el tiempo que los jugadores necesitan para realizar el ejercicio con eficacia. El espacio dependerá de la talla de los jugadores, madurez, edad y niveles de habilidad (no tema cambiar las distancias siempre que sea necesario).

El diagrama siguiente, que muestra la mitad de un campo de fútbol, se puede emplear utilizando las áreas laterales A y B para centros o remates largos, mientras que el área C se puede emplear en entrenamientos de porteros, disparos o remates de cabeza. Las áreas D y E resultan útiles para pequeños juegos, mientras la zona correspondiente al círculo central F se puede emplear para diversas habilidades o tácticas.

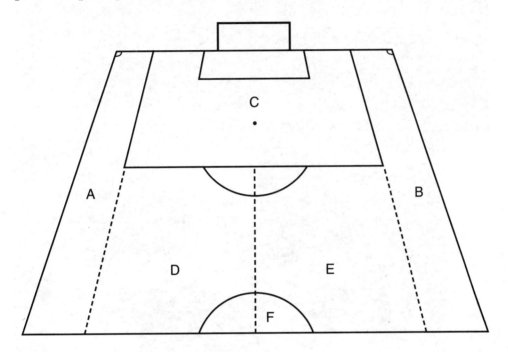

NÚMERO DE JUGADORES

Asegúrese de que el número de jugadores para cada ejercicio sea relativamente pequeño, de manera que cada jugador tenga varias oportunidades para realizar el ejercicio y mejorar su control del balón. ¡Manténgalos ocupados! El buen entrenador intercalará los ejercicios que requieran un esfuerzo físico mayor con los más ligeros, a fin de permitir a los jóvenes jugadores trabajar al máximo sin agotarse en exceso.

Los ejercicios se pueden hacer de modo progresivo, empezando por los más sencillos y siguiendo con los más difíciles. Como alternativa, se pueden variar los ejercicios cuando el entrenador lo considere oportuno. Sin embargo, no se debe usar el mismo ejercicio durante demasiado tiempo, pues podría causar aburrimiento. En general, la atención que prestan los jóvenes suele ser de menor duración que la de los adultos, por lo que no les gusta el «sobreentrenamiento»; es preferible repetir ejercicios con frecuencia pero hacerlos cortos.

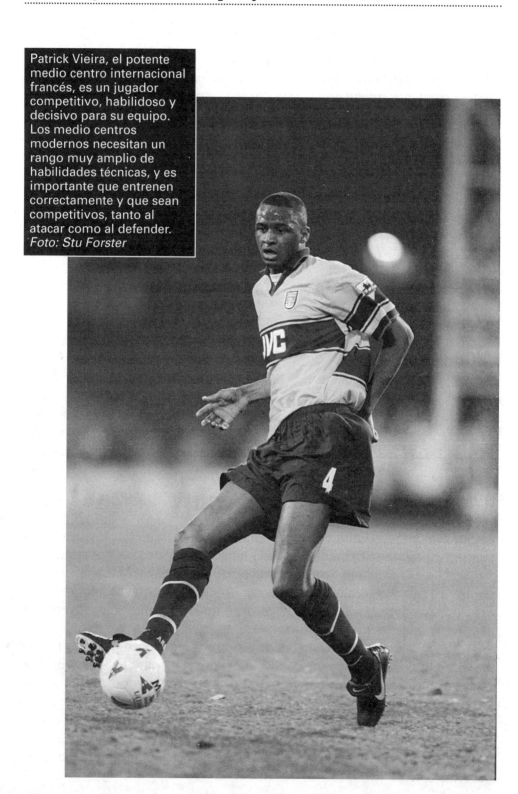

Patrick Vieira, el potente medio centro internacional francés, es un jugador competitivo, habilidoso y decisivo para su equipo. Los medio centros modernos necesitan un rango muy amplio de habilidades técnicas, y es importante que entrenen correctamente y que sean competitivos, tanto al atacar como al defender.
Foto: Stu Forster

Capítulo 2

EL CALENTAMIENTO

Es importante que los jugadores jóvenes adopten unos hábitos prácticos cuando realicen el entrenamiento. El principal hábito que los entrenadores deben inculcarles es la necesidad del calentamiento antes de comenzar una actividad física intensa. Hay que explicarles las tres razones fundamentales por las que se debe calentar:

1. Para elevar la temperatura de los músculos, incrementar el flujo sanguíneo, estirar los músculos y flexibilizar las articulaciones del cuerpo. Esto permitirá a los jugadores tener un rango mayor de movimientos y les ayudará a evitar lesiones.

2. Para aumentar al máximo el rendimiento. El cuerpo trabaja mejor cuando la carga en los sistemas circulatorio y respiratorio va aumentando gradualmente. Una actividad física intensiva fatigará el cuerpo prematuramente si éste no se ha calentado con anterioridad.

3. Para prepararse mentalmente. La mente necesita «sintonizarse» con la situación, de manera que, ensayando patrones de movimientos del juego, la mente se activa y enfoca las habilidades requeridas para el entrenamiento.

Un calentamiento eficaz consta de tres fases:

Fase 1. La primera fase se centra en flexibilizar todo el cuerpo gradualmente. Las carreras ligeras elevan la temperatura del cuerpo y el pulso cardiaco.

Fase 2. La segunda fase implica el estiramiento de los músculos principales y de las articulaciones. Se debe prestar especial atención a los músculos y articulaciones específicos que se emplean al jugar, que son la columna vertebral, las caderas y las piernas.

Fase 3. La tercera y última fase es la más intensa e implica actividades desarrolladas a un mayor ritmo que permita a los jugadores practicar y ensayar patrones de movimientos. *Nota:* los jugadores deberían correr ligeramente tras los estiramientos de la fase 2 a fin de aumentar el ritmo cardiaco y la temperatura antes de iniciar esta fase.

Al final de estas tres fases los jugadores estarán mental y físicamente listos para obtener lo mejor de los ejercicios de entrenamiento. La mayoría de los entrenadores tienen material suficiente para desarrollar las fases 1 y 2 eficazmente, por lo que los ejercicios de este capítulo están especialmente diseñados para la fase 3 del calentamiento.

Ejercicio 1

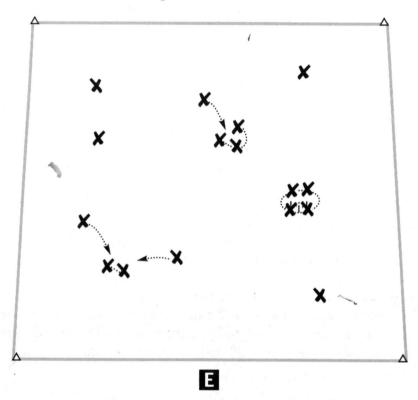

Propósito: Cambios de ritmo y de dirección.

Desarrollo: Un grupo de jugadores corre dentro de un cuadrado de 20 metros, realizando cambios de dirección y velocidad. Sin previo aviso, el entrenador gritará un número, y los jugadores deberán formar grupos con ese número de componentes lo más rápido posible, juntándose con las manos para formar una cadena o cogiéndose por los hombros. Los últimos que queden sueltos deberán realizar un ejercicio de castigo (por ejemplo, vueltas al campo). Los jugadores volverán a correr y el entrenador gritará otro número.

Equipamiento: Cuatro conos.

Progresión: El entrenador puede mantener a los jugadores en mayor tensión señalando uno de los lados del cuadrado desde el cual correr hasta el lado contrario, o indicarles que realicen distintos movimientos antes de juntarse (moverse de lado, hacia atrás, etc.).

Ejercicio 2

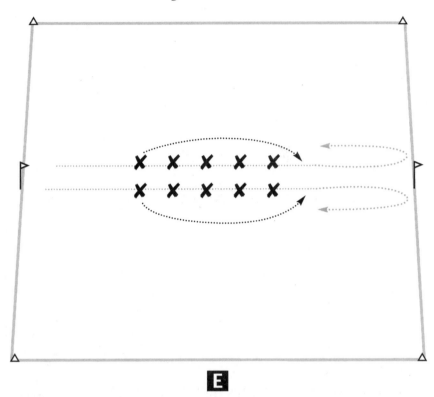

E

Propósito: Trabajo aeróbico y cambio de velocidad.

Desarrollo: Los jugadores forman dos filas separadas por un metro dentro de un espacio de 20 metros de largo delimitado por dos banderines. Los jugadores correrán juntos hacia cada banderín, girando al mismo tiempo y corriendo hacia el banderín opuesto cuando lo alcancen. En el momento en que el entrenador toque el silbato, los dos últimos jugadores correrán a toda velocidad al principio de la fila, donde volverán a correr despacio. La siguiente pareja del final esperará al silbato para repetir la misma operación.

Equipamiento: Cuatro conos y dos banderines.

Progresión: El entrenador puede cambiar el ejercicio indicando a la primera pareja de jugadores que, cuando se desplacen hacia delante, se giren y corran a toda velocidad hacia la parte trasera de la fila. También puede pedir a los jugadores que corran hacia atrás o de lado al cambiar su posición en la fila, o incrementar el ritmo para que los jugadores realicen más carreras.

Ejercicio 3

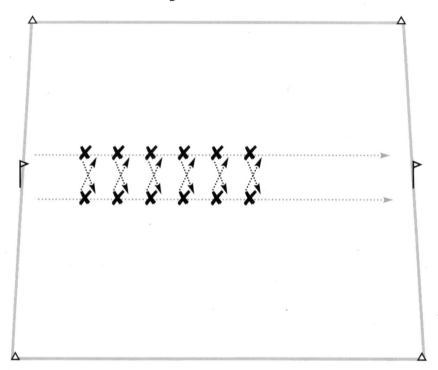

Propósito: Trabajo aeróbico y movimiento lateral.

Desarrollo: Dos filas de jugadores se colocarán a 2 metros de distancia, dentro de un espacio marcado por dos banderines a 20 metros de distancia. Igual que en el ejercicio 2, se mantendrán en línea y correrán arriba y abajo entre los banderines. Al toque de silbato del entrenador, cada jugador intercambiará su posición con su compañero de enfrente con un movimiento lateral. Las dos filas continuarán como antes, hasta el siguiente silbato, momento en el que repetirán la maniobra. Los jugadores no deben cruzar las piernas cuando cambien posiciones.

Equipamiento: Cuatro conos y dos banderines.

Progresión: El entrenador pronunciará un número entre 1 y 3 mientras las filas corren hacia delante. Como respuesta, los jugadores se cambiarán rápidamente y en zigzag con el compañero de enfrente las veces que indique el número que dijo el entrenador, mientras ambas filas siguen corriendo al unísono. Al terminar, las filas seguirán corriendo y esperarán la siguiente cifra.

Ejercicio 4

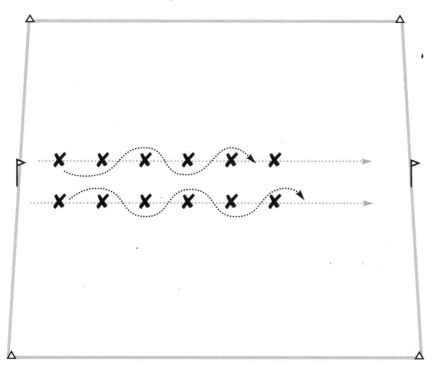

Propósito: Cambios de dirección.

Desarrollo: Se distribuirán dos filas de jugadores, con una separación de 2 metros entre filas y entre cada jugador de la misma fila. Los jugadores correrán hacia atrás y hacia delante a lo largo de un espacio marcado por dos banderines separados por 20 metros. Cuando el entrenador haga sonar su silbato, los dos jugadores del final correrán hacia el principio de la fila, pasando alternativamente a un jugador por dentro y al siguiente por fuera.

Equipamiento: Cuatro conos y dos banderines.

Progresión: El entrenador puede cambiar el ejercicio indicando a los jugadores del principio de la fila que corran hacia el final del mismo modo, pero corriendo hacia atrás.

Ejercicio 5

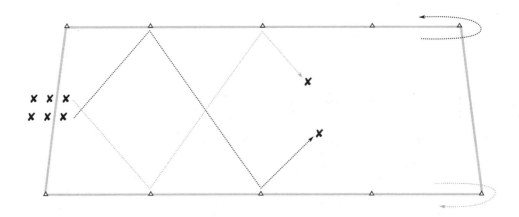

Propósito: Cambio de dirección.

Desarrollo: Se colocarán cuatro o cinco conos separados por 10 metros a lo largo de los lados mayores de un rectángulo de 40 por 15 metros. Dos filas de jugadores se situarán juntas entre dos conos en un extremo del rectángulo, y a la orden del entrenador correrán en parejas hacia cada cono en zigzag, cruzándose en el centro al mismo tiempo, hasta completar el recorrido; en ese momento correrán por fuera del rectángulo directamente hacia su propia fila para que salgan los dos jugadores siguientes.

Equipamiento: Diez conos.

Progresión: El entrenador puede mezclar los movimientos cuando los jugadores corran entre los conos (por ejemplo, que los jugadores se muevan hacia delante, de lado, hacia atrás, saltando, etc.).

Ejercicio 6

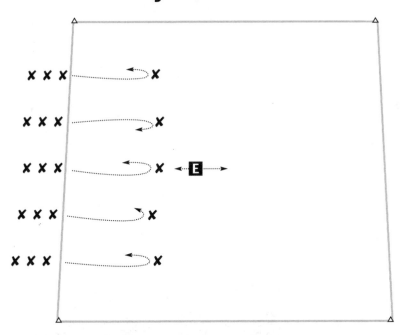

Propósito: Cambio de velocidad y dirección.

Desarrollo: Varias filas de cuatro a seis jugadores permanecerán tras una línea enfrente del entrenador, que se encontrará a 10 metros de ellos, en un cuadrado de 25 metros de lado. El entrenador, que se podrá desplazar adelante y atrás dentro del área, se moverá despacio hacia atrás en un primer momento, lo que indicará al primer jugador de cada fila que corra hacia él. En el momento en que el entrenador se detenga, la línea de jugadores correrá para alinearse con él, se girarán rápidamente y volverán a la carrera hacia la línea de salida. Mientras los jugadores corren hacia la línea inicial dando la espalda al entrenador, éste cambiará su posición Cuando los jugadores alcancen la línea, se girarán de nuevo y correrán hacia la nueva posición del entrenador, hasta que se hayan completado de tres a cinco carreras. La siguiente línea de jugadores saldrá inmediatamente, de manera que el ejercicio continúe y cada grupo tenga un período de descanso. Se pueden asignar puntos a los primeros jugadores en regresar.

Equipamiento: Cuatro conos.

Progresión: Incremente la longitud, la cantidad o el tipo de carreras que los jugadores deberán realizar (ir para atrás, de lado, etc.).

Ejercicio 7

Propósito: Trabajo aeróbico, agilidad y potencia de piernas.

Desarrollo: En un cuadrado de 20 metros de lado, una fila de jugadores comenzará a correr alrededor del perímetro, con una distancia entre jugadores de 3 a 5 metros. Al toque de silbato del entrenador, el primero de la fila se detiene y hace «el potro» doblándose por la cintura con las piernas a horcajadas y las manos sobre las rodillas, a fin de aumentar la resistencia al peso, a una altura adecuada para saltar por encima. Se acercará el siguiente jugador, que, colocando las manos en la espalda del primero, saltará por encima y se separará para hacer «el potro» él mismo. El resto de los jugadores hará lo mismo, y el primero saltará sobre todos los demás hasta estar de nuevo al principio de la fila. Todos comenzarán de nuevo a correr esperando el siguiente silbato. El entrenador variará la distancia para correr dependiendo del estado físico del grupo y la duración del calentamiento requerido.

Equipamiento: Cuatro conos.

Progresión: Incremente el número de veces que se desarrolla el ejercicio y la distancia a recorrer entre una vez y otra.

Ejercicio 8

Propósito: Carrera, agilidad y saltos.

Desarrollo: Una fila de jugadores corre alrededor de un cuadrado de 20 metros como en el ejercicio 7. Al sonido del silbato, los jugadores saltarán y se arrastrarán entre las piernas de sus compañeros alternativamente. Comenzarán esta secuencia del mismo modo que en el ejercicio anterior, pero esta vez el tercer jugador saltará sobre el primero y se arrastrará bajo el segundo, y así sucesivamente. La fila comenzará entonces a correr alrededor del cuadrado hasta que el entrenador use de nuevo el silbato. Esta secuencia continuará durante un tiempo establecido o un número establecido de vueltas alrededor del cuadrado. Asegúrese de que los jugadores saltan con seguridad y correctamente.

Equipamiento: Cuatro conos.

Progresión: Incremente el ritmo o añada más circuitos.

Ejercicio 9

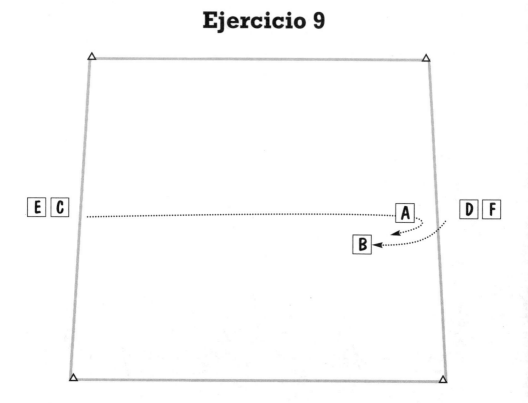

Propósito: Actividad aeróbica más exigente y girar deprisa.

Desarrollo: Dos filas de jugadores se enfrentan a una distancia de 15 a 25 metros. El primer jugador, al que se denominará A, correrá solo hacia el otro extremo para unirse a la fila de enfrente. Cuando se encuentre a punto de llegar, el primero de la fila opuesta, B, saldrá y rebasará al jugador A que se aproxima, y éste reducirá la velocidad para girar rápidamente, perseguir a B y luego incorporarse a la fila de este último. Cuando B se encuentre cerca de la línea, C saldrá y realizará la misma operación, de manera que cada jugador sea perseguido antes de perseguir él a otro jugador y volver a su propia fila. El ejercicio continúa de manera que cada jugador tenga un período de descanso.

Equipamiento: Cuatro conos.

Progresión: El entrenador puede pedir al jugador que persiga hacia delante, pero que corra hacia atrás o de lado cuando le persigan a él, lo que hará el ejercicio más productivo.

Ejercicio 10

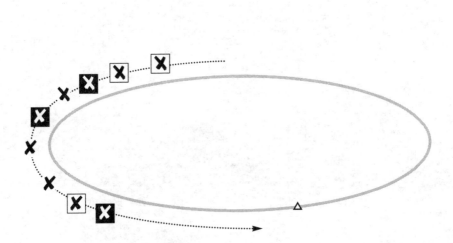

Propósito: Actividad aeróbica más exigente y carreras cortas a toda velocidad.

Desarrollo: Un grupo de jugadores correrá alrededor del círculo central, en cuyo perímetro se instalará un cono. El grupo debe mantenerse unido, aunque el entrenador puede separarlos en equipos más pequeños con petos de color para identificar a los diferentes jugadores. Cuando lleguen al cono, el entrenador tocará el silbato y los jugadores correrán rápidamente, y el último que llegue de nuevo al cono quedará eliminado. El resto seguirá corriendo despacio hasta que se repita el proceso y sólo quede un jugador, que será el ganador.

Equipamiento: Un cono.

Progresión: El entrenador puede incrementar el tamaño del círculo, o dar a los jugadores dos o tres oportunidades; cuando un jugador ha agotado sus oportunidades, queda eliminado.

Capítulo 3

EL REGATE
Y LA CONDUCCIÓN DEL BALÓN

Los jugadores de este nivel de edad se volverán más sofisticados, coordinados y fuertes en sus movimientos, lo que les permitirá ser más audaces en su enfoque del juego. Ahora se pueden mover con mucha más velocidad y precisión llevando el balón, y pueden materializar sus técnicas y «trucos», que deberían ser diversos. También necesitan aprender que regatear o correr con el balón es un medio para obtener un fin y que no se hace sin motivo. Esto requiere juzgar y decidir cuándo se debe regatear o correr con el balón, y cuándo no.

En la página anterior: Brian Laudrup, el delantero danés, usa sus habilidades técnicas excepcionales para causar estragos incluso entre la defensa mejor organizada. Es especialmente experto en llevar el balón hacia los defensas, confundirles y esquivarlos inteligentemente. *Foto: Laurent Zabulon*

Ejercicio 11

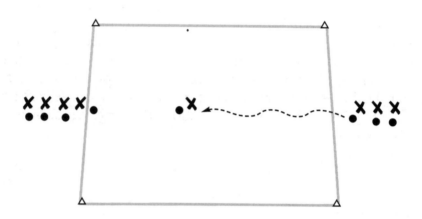

Propósito: Correr deprisa llevando el balón.

Desarrollo: Dos filas de jugadores con un balón cada uno se sitúan enfrentados, a una distancia aproximada de entre 12 y 15 metros. El primer jugador de una fila comienza a correr en línea recta con el balón, y cuando alcance la línea opuesta, el primer jugador de la fila contraria saldrá con el balón en la dirección opuesta, a fin de obtener velocidad en el ejercicio. Los jugadores deben practicar con ambos pies, incrementando el ritmo o el recorrido, para cubrir más distancia con el balón.

Equipamiento: Cuatro conos y un balón por jugador.

Progresión: Se puede realizar el ejercicio con un solo balón; cada jugador parará el balón con la planta del pie para que lo tome el siguiente jugador.

Ejercicio 12

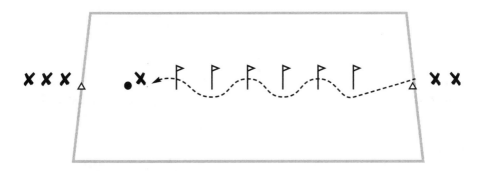

Propósito: Conducir en zigzag.

Desarrollo: Se dividirá el grupo en filas de jugadores que competirán entre sí por un recorrido en zigzag, marcado mediante banderines, separados entre 1 y 3 metros. Las filas se dividen en dos, y cada mitad se sitúa en un extremo del recorrido. Por turnos, cada jugador conduce el balón a través de los conos de la manera que indique el entrenador (con el pie izquierdo sólo, alternando los pies, etc.) antes de que su compañero de equipo le alcance desde el otro lado. Cada jugador tiene que realizar un número establecido de conducciones, y el primero que termine el recorrido gana.

Equipamiento: Dos conos, entre seis y ocho banderines.

Progresión: Se puede incrementar el ritmo o hacer más difícil el recorrido colocando los banderines más cerca.

Ejercicio 13

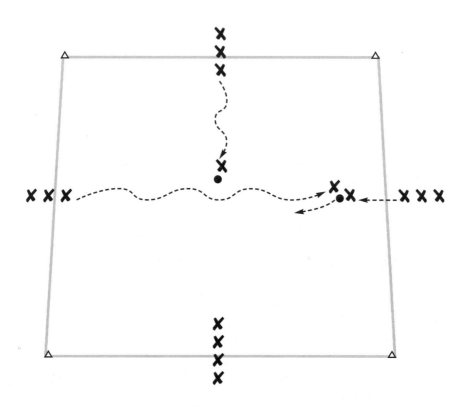

Propósito: Correr con el balón y «robarlo».

Desarrollo: Cuatro filas de jugadores forman una cruz separados por una distancia de unos 15 a 25 metros. Dos filas adyacentes tendrán un balón para cada una. Por turnos, cada jugador correrá con el balón hacia la fila opuesta, donde el siguiente jugador «robará» el balón y lo conducirá hacia la fila de enfrente. Los jugadores deben poner especial cuidado para no entorpecerse mientras se desplazan deprisa con el balón.

Equipamiento: Dos balones.

Progresión: Incremente el tamaño del área para que los jugadores corran más tiempo con el balón.

Ejercicio 14

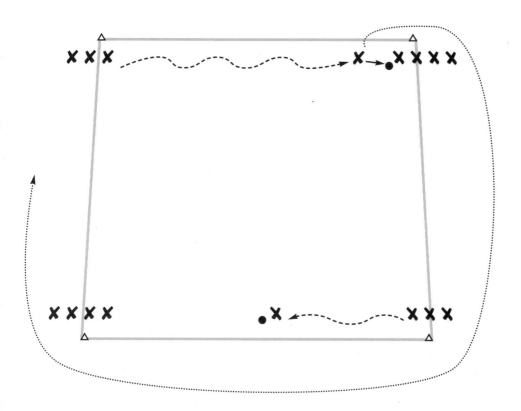

Propósito: Correr con el balón y sin él.

Desarrollo: Se sitúan cuatro filas de jugadores en las esquinas de un cuadrado de unos 20 metros. Dos filas en esquinas opuestas tendrán un balón, que se llevarán los primeros jugadores hacia las filas sin balón, donde lo dejarán para seguir corriendo sin él alrededor del cuadrado, asegurándose de que lo hacen por fuera, hasta que alcanzan su propia fila.

Equipamiento: Cuatro conos y dos balones.

Progresión: Según se desarrolla el ejercicio, el entrenador puede entregar balones a las otras dos filas para que haya cuatro jugadores corriendo al mismo tiempo a fin de acelerar el entrenamiento.

Ejercicio 15

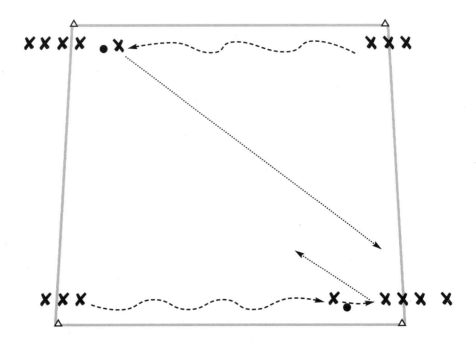

Propósito: Correr con el balón y cambiar de dirección.

Desarrollo: Cuatro filas de jugadores se alinean en las esquinas de un cuadrado de 20 metros de lado. Igual que se hacía en el ejercicio 14, los primeros jugadores de dos de las filas regatearán el balón hacia la fila contraria, pero esta vez diagonalmente. Allí parará el balón para que el siguiente jugador continúe el ejercicio.

Equipamiento: Cuatro conos y dos balones.

Progresión: Como en el ejercicio anterior, el entrenador puede entregar balones a las otras dos filas, y cuatro jugadores correrán al mismo tiempo para acelerar el ejercicio.

Ejercicio 16

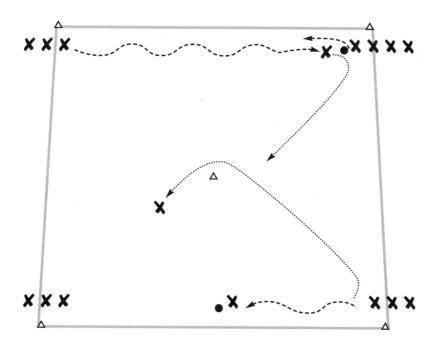

Propósito: Conducción del balón y cambios rápidos de dirección.

Desarrollo: Como en los dos ejercicios anteriores, se disponen cuatro filas de jugadores en las esquinas de un cuadrado de 20 metros, con dos filas opuestas con balones y un cono en el centro. Los primeros jugadores de las filas con balón conducirán éste hacia la fila de enfrente en el mismo lado del cuadrado y se los dejarán a los siguientes jugadores. Después continuarán corriendo sin el balón pero hacia el centro, rodeando el cono para volver a su propia fila. Cada jugador completará el ejercicio con paso rápido.

Equipamiento: Cinco conos y dos balones.

Progresión: El entrenador puede indicar a los jugadores que usen un solo pie al regatear o girar con el balón, o realizar «habilidades» al correr con el balón.

Ejercicio 17

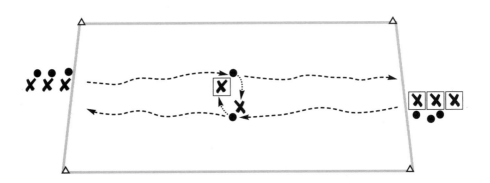

Propósito: Correr, pararse y girar con el balón.

Desarrollo: Dos filas de jugadores permanecerán una enfrente de la otra a una distancia de entre 15 y 20 metros y a un metro de separación lateral; cada jugador tendrá un balón. Los primeros dos jugadores conducirán el balón hacia el centro, calculando la velocidad para llegar al centro a la vez, momento en el cual pararán su balón poniendo la planta del pie sobre el mismo. Los jugadores intercambiarán entonces los balones y volverán con él a su propia fila. Los dos jugadores siguientes repetirán el ejercicio.

Equipamiento: Cuatro conos, unos balones y un juego de petos de color.

Progresión: El entrenador puede organizar una competición en la que equipos compuestos de dos filas de jugadores intentan completar un número establecido de vueltas antes que el otro.

Ejercicio 18

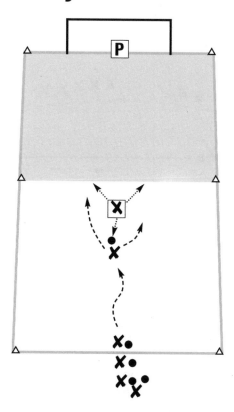

Propósito: Regatear rebasando a un oponente.

Desarrollo: Se delimita un rectángulo de 10 a 12 metros de ancho por 15 a 20 de largo. Además se situará a un portero en un extremo del rectángulo, enfrente de una línea de jugadores con un balón cada uno, y a un defensa entre el portero y los jugadores. Se marca un área de «no pisar» delante de la portería, que se extenderá de 6 a 8 metros desde la misma, en la que el defensa no podrá penetrar. Los jugadores se adelantarán uno a uno para intentar regatear rebasando al defensa y tirar a puerta.

Equipamiento: Seis conos y bastantes balones.

Progresión: El entrenador establecerá un tiempo de entrenamiento antes de cambiar a los jugadores o al defensa.

Ejercicio 19

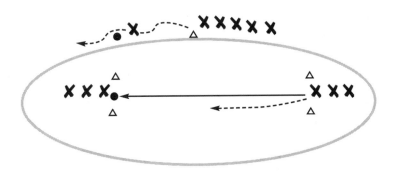

Propósito: Correr deprisa con el balón y pases cortos.

Desarrollo: Se hacen dos grupos de cuatro a seis jugadores; uno de ellos formará una fila con un balón fuera del circulo central, mientras que el otro se dividirá en dos filas que se colocarán enfrentadas dentro del círculo, con una separación de 15 metros. A ambos lados de cada fila se colocará un cono para delimitar un espacio de 10 metros de ancho en cada fila. Al toque de silbato del entrenador, los jugadores que se encuentran fuera del círculo se turnarán para conducir el balón alrededor del círculo lo más deprisa posible. Mientras, los jugadores de dentro del círculo, tras controlar el balón permitiendo que pase a través de los dos conos de su fila, lo pasarán a la fila de enfrente, y se colocarán al final de la misma. Los jugadores centrales harán un recuento del número de pases realizados antes de que los de fuera completen una vuelta alrededor del círculo.

Equipamiento: Cinco conos y dos balones.

Progresión: Los equipos se cambian e intentan superar la marca del otro. (El equipo con más pases conseguidos gana, pues significará que el otro equipo ha necesitado más tiempo para correr con el balón alrededor del círculo central.)

Ejercicio 20

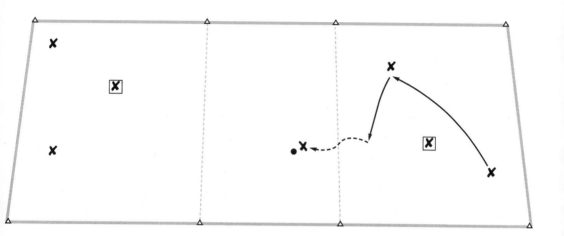

Propósito: Correr con el balón y toma de decisiones.

Desarrollo: Se marca un rectángulo de 40 metros de largo por 15 de ancho, y dentro de él, dos cuadrados de 15 metros en los extremos. En uno de estos cuadrados se jugará un 3 contra 1, con tres atacantes y un defensa, mientras que en el otro será un 2 contra 1, dos atacantes y un defensa. Uno de los atacantes del primer cuadrado se procurará espacio suficiente para conducir el balón a través de la zona media y llegar al otro cuadrado a fin de formar un 3 contra 1 uniéndose a los otros dos jugadores. Los defensas no podrán penetrar en la zona central, ni se podrá pasar el balón a esta zona, sino que habrá que conducirlo. El ejercicio continuará de igual modo hacia el otro lado.

Equipamiento: Ocho conos y un balón.

Progresión: El entrenador podrá añadir otro defensa en la zona central. El atacante deberá regatear a este defensa antes de unirse a sus compañeros en el cuadrado. Los defensas deberán obstruir pasivamente al principio, pero podrán entrar al balón según progresa el ejercicio.

Capítulo 4

EL PASE

Ya que a esta edad los jugadores juveniles son físicamente más fuertes y maduros, se puede ampliar el rango de sus técnicas de pases. Aún deberían invertir una gran cantidad de su tiempo en practicar pases sin oponente a fin de mejorar su técnica, pero sin dejar de hacer algunos ejercicios con oponentes, pues les permitirá aprender en qué momento y lugar deben utilizar estas técnicas en el juego real.

Zinedine Zidane, el «general» del mediocampo de gran clase, de origen francés, estuvo a la altura de su excepcional potencial con una extraordinaria actuación en el Mundial de 1998 en su tierra natal. Su habilidad para brindar oportunidades a sus compañeros con sus pases era mágica y supuso una enorme contribución al éxito de su equipo.
Foto: Christophe Guibbaud

Ejercicio 21

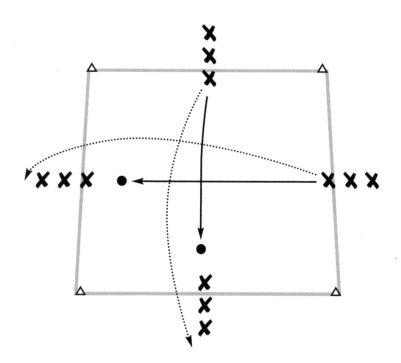

Propósito: Pases cortos y controles.

Desarrollo: Cuatro filas de jugadores se alinean formando una cruz con una separación entre ellas de 8 a 12 metros. Los primeros jugadores de dos filas adyacentes tendrán un balón, que pasarán al primero de la fila que tengan enfrente y correrán hasta el final de dicha fila, teniendo cuidado de no chocar con los demás jugadores o con el otro balón. Por turnos, cada jugador controlará y pasará el balón para que el ejercicio continúe fluidamente.

Equipamiento: Cuatro conos y dos balones.

Progresión: El entrenador puede indicar que se practiquen pases al primer toque siempre que se pueda, o permitir utilizar distintos tipos de pases (con el empeine, levantándolo o con la parte exterior del pie).

Ejercicio 22

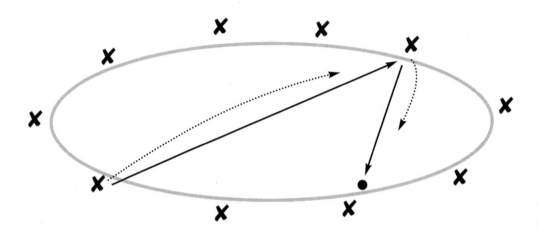

Propósito: Pases cortos y controles.

Desarrollo: Una serie de jugadores se situarán equidistantes alrededor del círculo central o de un área similar, uno de ellos con el balón. Este jugador hará un pase a uno de sus compañeros y seguirá al balón para colocarse en el lugar que ocupa el jugador al que ha realizado el pase. De este modo continuará el ejercicio, incrementando el ritmo según progresa éste.

Equipamiento: De uno a tres balones.

Progresión: Añada un segundo o tercer balón, de manera que participen más jugadores a la vez y se incremente así la dificultad.

Ejercicio 23

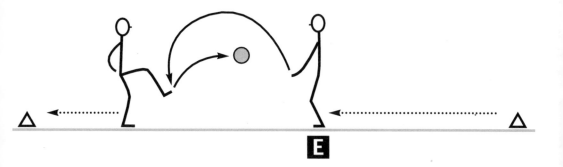

Propósito: Semi-voleas.

Desarrollo: Un jugador se situará enfrente del entrenador, que sostendrá un balón, a una distancia de 3 a 8 metros. Comenzando desde un cono, el entrenador lanzará el balón al aire sin levantar las manos, de manera que el jugador pueda devolverlo con una volea para que el entrenador lo recupere. El entrenador se irá moviendo hacia delante, forzando al jugador a desplazarse hacia atrás en cada volea.

Equipamiento: Dos conos y un balón.

Progresión: Mientras el entrenador obliga al jugador a moverse hacia atrás, éste puede emplear un solo pie o alternar entre derecho e izquierdo para la volea.

Ejercicio 24

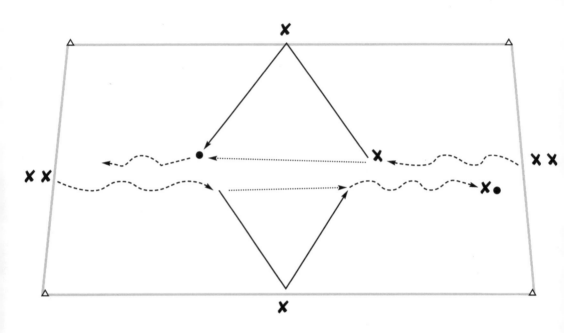

Propósito: Paredes.

Desarrollo: Dos filas de jugadores se colocarán una enfrente de la otra en los extremos de un rectángulo que medirá 30 metros de largo por 15 de ancho. Otros dos jugadores se situarán en los bordes del área, en su punto medio. El primer jugador de cada fila realizará una pared con el jugador central que se encuentre a su derecha, que devolverá el balón al primer toque al jugador que se lo pasó, que continúa corriendo a su encuentro para luego conducirlo a la fila de enfrente. El siguiente jugador continuará el ejercicio.

Equipamiento: Cuatro conos y dos balones.

Progresión: Según avanza el ejercicio, el entrenador puede introducir otro balón de manera que se puedan realizar paredes en ambos sentidos, simultáneamente.

Ejercicio 25

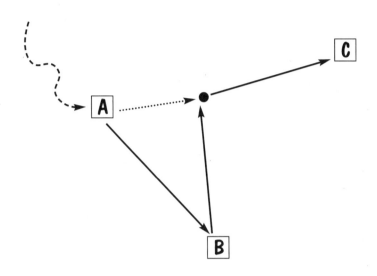

Propósito: Paredes.

Desarrollo: Tres jugadores forman un triángulo con una separación de 5 a 8 metros, uno de ellos con un balón. El jugador A correrá con el balón hacia el jugador B y realizará una pared con él (*véase* el ejercicio 24). Después de que el jugador A reciba el balón de B, se lo pasará a C, que se encontrará en ese momento un poco más alejado. El jugador C correrá entonces con el balón hacia A, y realizará una pared con él antes de pasárselo a B, que repetirá el mismo proceso.

Equipamiento: Un balón.

Progresión: Los tres jugadores aumentarán el ritmo según se vayan sintiendo más seguros de su técnica.

Ejercicio 26

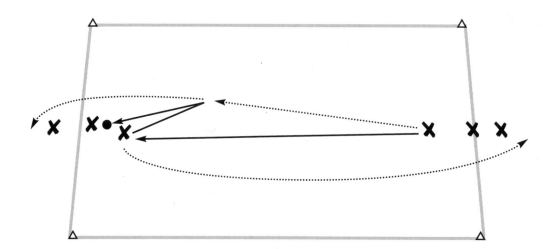

Propósito: Pases.

Desarrollo: Dos filas de jugadores se sitúan enfrente separados por una distancia de 12 a 20 metros. El primer jugador de una de las filas tendrá un balón, que pasará al primero de la fila opuesta para luego seguirlo y que se lo vuelva a ceder con un pase corto al primer toque. Tras recibir el balón, el primer jugador realizará otro pase corto al siguiente jugador de la fila y se incorporará al final de la misma. El jugador en posesión del balón efectuará un pase al jugador que espera en la fila opuesta y continuará con el ejercicio como anteriormente.

Equipamiento: Cuatro conos y un balón.

Progresión: El entrenador puede pedir a los jugadores que pasen el balón elevándolo en el aire para que quien lo reciba lo controle o se lo devuelva con una pequeña volea.

Ejercicio 27

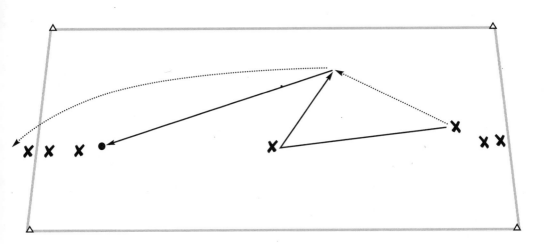

Propósito: Desarrollo del juego.

Desarrollo: Dos filas de jugadores permanecen alejadas entre 30 y 40 metros, una con un balón, y con otro jugador en el medio. El jugador en posesión del balón lo pasará a su compañero que se encuentra en el centro, y avanzará para que éste se lo devuelva con un pase corto y cerrado para luego pasarlo él mismo al primer jugador de la fila opuesta, a donde se incorporará después para que el ejercicio continúe. El jugador central será quien prepare la jugada para sus compañeros de ambos lados.

Equipamiento: Cuatro conos y un balón.

Progresión: El entrenador puede restringir el número de toques a dos, para que el pase y el control sean más fluidos.

Ejercicio 28

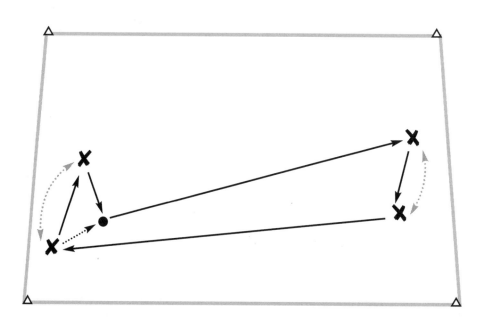

Propósito: Desarrollo del juego.

Desarrollo: Los jugadores se colocarán por parejas a ambos extremos de un rectángulo que mida 20 metros de largo por 10 de ancho. El jugador que tenga el balón se lo pasará a uno de los que se encuentran en el otro extremo, que lo frenará para su compañero. Este último realizará un pase corto y cerrado a su compañero, quien lo pasará al jugador del otro extremo. Los jugadores de cada pareja se intercambiarán después de haber pasado el balón a sus compañeros y se prepararán para continuar el ejercicio.

Equipamiento: Cuatro conos y un balón.

Progresión: El entrenador puede limitar el número de toques a dos, o incluso a uno si los jugadores pueden manejar la situación. Alternativamente, puede pedir a los jugadores que hagan el pase al lado opuesto, que eleven o lancen con fuerza el balón a fin de aumentar la dificultad.

Ejercicio 29

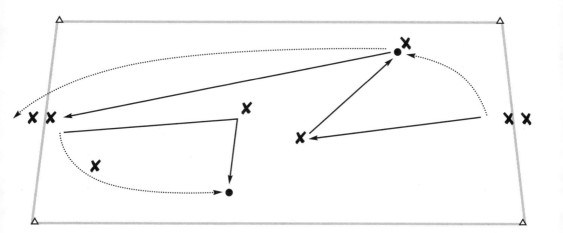

Propósito: Pases.

Desarrollo: Se situará a dos filas de jugadores en lados opuestos de un rectángulo de 30 por 15 metros, con dos jugadores más en el centro. El primer jugador de cada fila, que tendrá un balón, pasará éste a uno de los jugadores centrales y correrá hacia el lateral para recibir el balón devuelto con un pase amortiguado. Después realizará un pase al siguiente jugador de la fila de enfrente y se incorporará al final de la misma. El entrenador debe asegurarse de que los dos jugadores centrales realizan los pases al mismo lado y de que no se pierda la fluidez durante el ejercicio.

Equipamiento: Cuatro conos y dos balones.

Progresión: El entrenador puede restringir los pases a uno o dos toques solamente.

Ejercicio 30

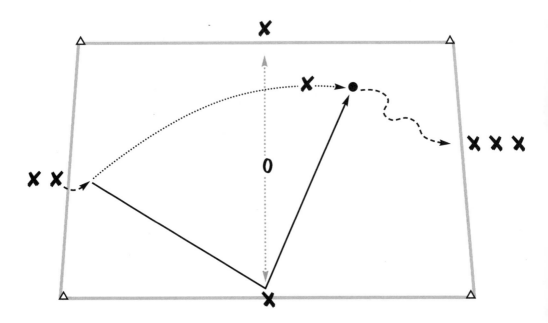

Propósito: Paredes.

Desarrollo: Se organizarán dos filas de jugadores, una a cada extremo de un rectángulo que mida entre 15 y 20 metros de largo y 12 de ancho. El primer jugador de una de las filas tendrá un balón. Dos jugadores más se situarán a la mitad de los bordes del rectángulo, y un defensa permanecerá en el centro. El primer jugador se adelantará con el balón y realizará una pared con cualquiera de los dos jugadores exteriores, a fin de intentar rebasar al defensa, que se podrá desplazar a lo largo de la línea central para atrapar el balón. Tras recibir de vuelta el balón, lo conducirá hasta el primer jugador de la otra fila. El ejercicio continuará igual en el otro sentido, para lo cual el defensa se girará para enfrentarse al siguiente jugador. Los jugadores exteriores pueden moverse a fin de que la pared tenga éxito.

Equipamiento: Cuatro conos y uno o dos balones.

Progresión: El entrenador puede limitar la pared al primer toque, o añadir un nuevo balón para acelerar el ejercicio. Se debe intercambiar al defensa a intervalos regulares.

Ejercicio 31

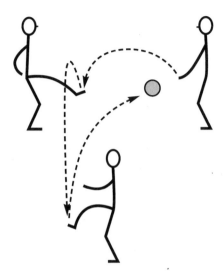

Propósito: Control y toque de balón.

Desarrollo: Tres jugadores formarán un triángulo con una separación de entre 2 y 3 metros. El jugador en posesión del balón lo lanzará hacia un compañero, que suavemente hará una volea para sí mismo o para otro compañero. Los jugadores deberán mantener el balón en el aire mediante voleas e intentar alternar ambos pies.

Equipamiento: Un balón.

Progresión: A continuación, cada jugador puede dar una serie de toques al balón antes de pasarlo a otro jugador para que repita la operación; los jugadores deberán contar los toques o voleas que pueden realizar. Use balones de tamaño, peso y textura diferentes. Puede hacer que los grupos compitan contra los otros para ver cuál puede mantener el balón bajo control más tiempo.

Ejercicio 32

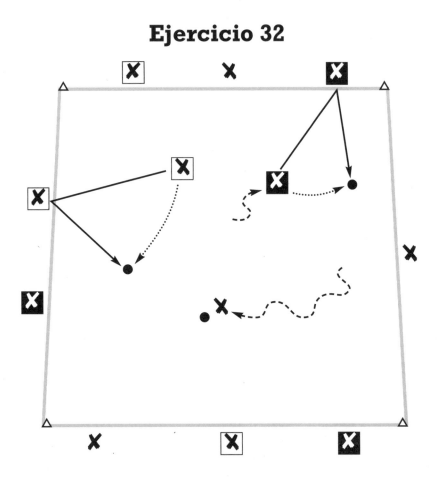

Propósito: Paredes y conducción del balón.

Desarrollo: Se delimita un cuadrado o círculo de unos 15 metros. Tres grupos de tres o cuatro jugadores con petos de diferente color se distribuirán alrededor del área, mientras que un jugador de cada grupo se colocará con un balón dentro de dicha área. Estos jugadores lo conducirán dentro del cuadrado o círculo y realizarán paredes continuas (*véase* el ejercicio 24) con sus compañeros de equipo durante un tiempo establecido. Después cambiarán posiciones con otro compañero de equipo.

Equipamiento: Cuatro conos, bastantes balones y juegos de petos de colores.

Progresión: El entrenador puede limitar a uno el número de toques cuando se realicen las paredes.

Ejercicio 33

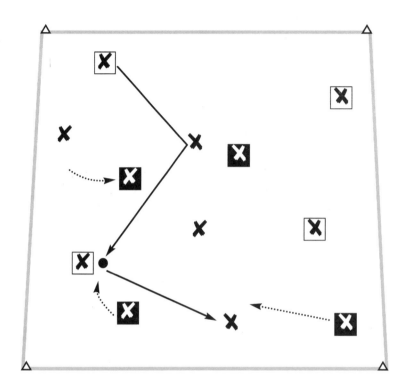

Propósito: Conducción del balón y paredes.

Desarrollo: Se marcará un cuadrado de 15 metros de lado. Tres equipos de cuatro o cinco jugadores con petos de diferente color jugarán a mantener la posesión del balón, con dos equipos que jugarán juntos contra el tercero (es decir, un 8 contra 4). Cuando los jugadores de un equipo pierdan la posesión del balón, este equipo tendrá que jugar contra los otros dos.

Equipamiento: Tres juegos de petos de color, cuatro conos y un balón.

Progresión: Los equipos competirán e intentarán ser quienes tengan la posesión del balón por más tiempo.

Ejercicio 34

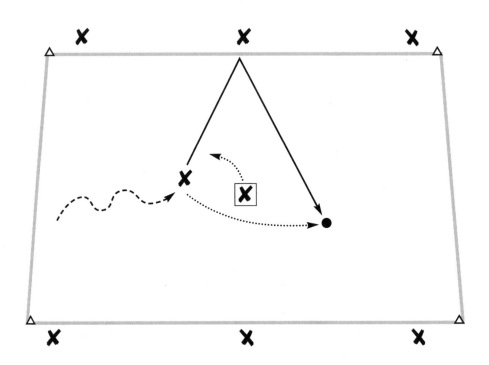

Propósito: Conducción del balón y paredes.

Desarrollo: Se delimita un rectángulo de 20 por 12 metros al borde del cual se colocan seis jugadores, tres a cada lado más largo; un atacante se situará en uno de los extremos y un defensa en el centro. El atacante sale con el balón y regatea dentro del área buscando hacer una pared con cualquiera de los seis jugadores exteriores, lo que le permitirá llegar al otro extremo con el balón. El ejercicio debe realizarse en un tiempo limitado. El defensa intentará interceptarlo para obtener el balón. Si el atacante consigue rebasar al defensa con dos toques, volverá a hacer lo mismo en sentido contrario.

Equipamiento: Cuatro conos, un peto de color y un balón.

Progresión: Cambie los jugadores tras un intervalo de tiempo y cuente el número de paredes que consiga ultimar cada jugador.

Ejercicio 35

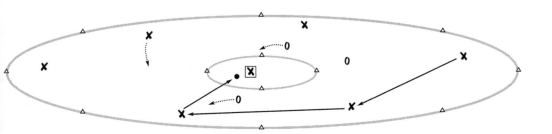

Propósito: Pases y cambios de juego.

Desarrollo: Se configura un círculo de 50 metros de diámetro que contiene otro menor en su interior, de entre 6 a 10 metros; un jugador permanecerá en el círculo central. Cinco o seis atacantes jugarán por la posesión del balón en el círculo exterior contra tres defensas. El objeto del juego es que un atacante pase el balón al jugador del círculo central, por lo cual obtendrán un punto. Ningún jugador podrá entrar en el círculo central, ni el central salir del mismo. Los defensas podrán entrar momentáneamente en este círculo central, pero si detienen un pase dentro, pierden un punto. Los jugadores se intercambiarán y contarán sus puntos.

Equipamiento: Conos para marcar los círculos y un balón.

Progresión: Añada otro defensa o reduzca el tamaño del círculo exterior para aumentar la dificultad del ejercicio.

Capítulo 5

EL TIRO

Los entrenadores tienen un papel importante a la hora de presentar y desarrollar esta destreza con jugadores jóvenes. Muchos jugadores a esta edad comienzan a desarrollar malos hábitos al tirar a puerta porque piensan que la potencia es más importante que la precisión. El resultado es que se entusiasman, tiran el balón con mucha potencia y fallan. Se les debe animar a ser creativos cuando disparen a puerta y a aprender a ser más listos que el portero usando diversas técnicas para superarle. Éstas incluyen las vaselinas sobre su cabeza o los disparos con efecto, así como el disparo potente.

Dwight Yorke, el sonriente jugador de Trinidad y Tobago, siempre realiza una actuación extraordinaria. Tiene todas las características de un goleador de primera, incluidas seguridad y serenidad. Su elevado historial goleador es prueba de su dominio de este aspecto del juego.
Foto: Clive Brunskill

Ejercicio 36

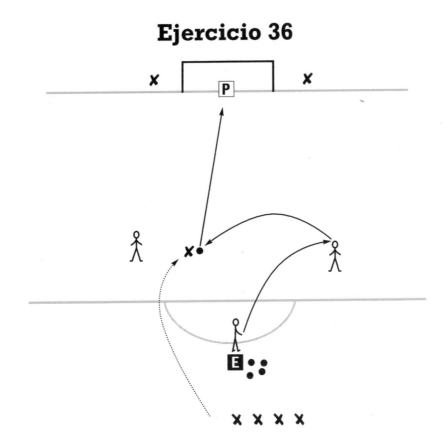

Propósito: Tirar a puerta con un lanzamiento alto, volea o vaselina.

Desarrollo: El entrenador permanecerá, provisto de balones, fuera del área de castigo, frente al portero. Dos recogepelotas se situarán detrás de la portería. A los lados y un poco por delante del entrenador se colocarán dos jugadores a una distancia de 10 a 15 metros, y a 10 metros detrás del entrenador una fila de jugadores. El entrenador lanzará el balón alto para que uno de los jugadores que se encuentran enfrente de él remate con el lateral de la cabeza hacia el primer jugador de la fila, que correrá y lanzará a puerta; deberá golpear el balón de volea o controlándolo antes de disparar. El jugador volverá al final de la fila para que el entrenador haga otro lanzamiento.

Equipamiento: Bastantes balones.

Progresión: El entrenador puede restringir a los jugadores a uno o dos toques.

Ejercicio 37

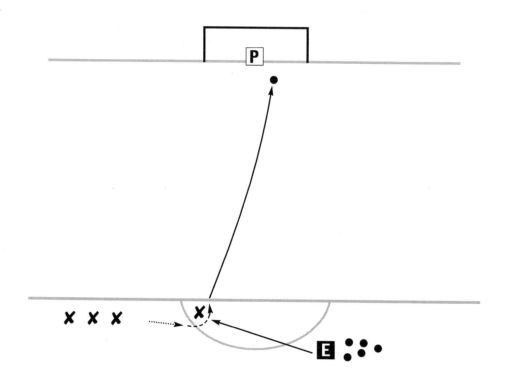

Propósito: Girarse para tirar a puerta.

Desarrollo: El entrenador se situará detrás del área de penalti, frente a una fila de jugadores y un poco desplazado hacia un lado. El entrenador pasará el balón al primer jugador, lanzándolo al aire o haciéndolo rodar por el suelo, y éste lo controlará y se girará rápidamente para tirar a la portería. El entrenador lanzará hacia ambos lados para que los jugadores practiquen usando los dos pies y distintas técnicas.

Equipamiento: Balones.

Progresión: El entrenador puede restringir a los jugadores a uno o dos toques, o pedir a los jugadores que amortigüen el balón en el aire cuando lo controlen antes de tirar a puerta mediante volea.

Ejercicio 38

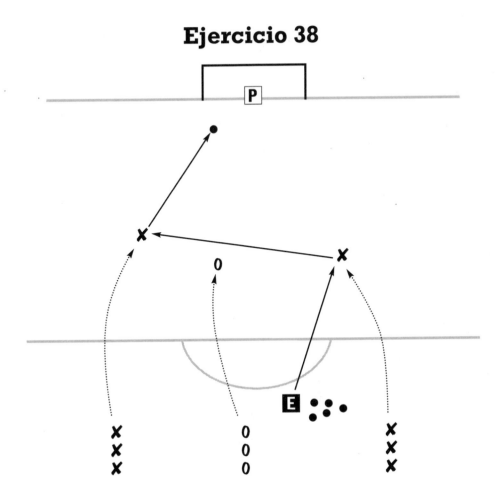

Propósito: Decidir si se tira o se pasa a un compañero para que intente marcar.

Desarrollo: Tres filas de jugadores se sitúan fuera del área de castigo a una distancia de 5 a 8 metros y frente a la portería. El entrenador se colocará, provisto de balones, en el centro, enfrente de las filas. Por turnos, pasará el balón a los jugadores de las filas exteriores; el que esté más cerca del balón intenta tirar a puerta o pasa el balón a su compañero de la fila opuesta para que éste marque. El jugador central actuará siempre como defensa e intentará detener el disparo.

Equipamiento: Balones.

Progresión: El entrenador puede lanzar el balón de un modo más impredecible para ejercer una presión mayor sobre los jugadores.

Ejercicio 39

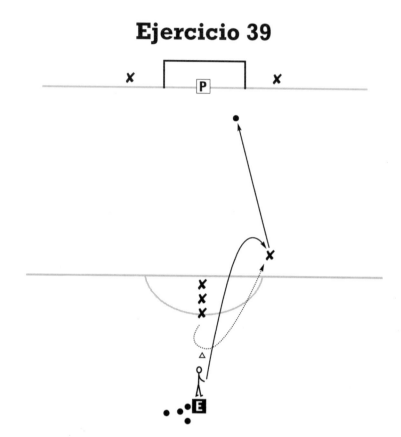

Propósito: Girarse para tirar de volea.

Desarrollo: Una fila de jugadores se alineará al borde del área de penalti, enfrente de un cono colocado a 6 metros de dicha área y de espaldas a la portería. El guardameta permanecerá en su portería, y dos recogepelotas se distribuirán a los lados de la misma. El entrenador, que tendrá bastantes balones, se situará unos metros más alejado. El primer jugador correrá hacia el cono, y en el preciso instante en que lo alcance recibirá un lanzamiento alto del entrenador por encima de su cabeza. Girará rápidamente para disparar a puerta mediante volea. El entrenador, ayudado por los recogepelotas, seguirá lanzando con un ritmo rápido para mantener fluida la circulación de balones.

Equipamiento: Un cono y una gran cantidad de balones.

Progresión: El entrenador sólo permitirá que el balón bote dos veces antes de que los jugadores disparen con vaselina. Según vayan mejorando, se puede reducir el número de botes a uno, o incluso a ninguno, de manera que el jugador dispare a puerta antes de que el balón entre en contacto con el suelo.

Ejercicio 40

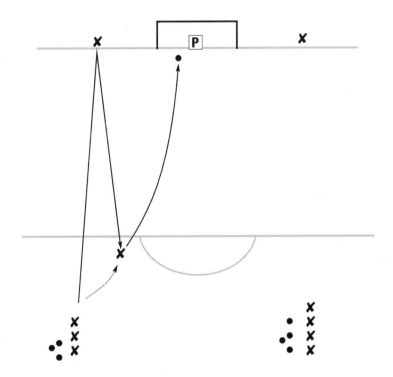

Propósito: Tirar a puerta tras un pase a los pies del rematador.

Desarrollo: Dos filas de jugadores con bastantes balones se sitúan enfrentados a dos jugadores colocados en la línea de meta, a ambos lados de la portería, separados por 25 a 30 metros. El primer jugador de una fila disparará con fuerza hacia el compañero que se halla en la línea de meta, y seguirá al balón para tirar a puerta al primer toque cuando le devuelvan el pase. Se continuará el juego desde la otra fila y así se desarrolla el ejercicio, alternándose las filas.

Equipamiento: Bastantes balones.

Progresión: Las filas intercambiarán sus posiciones para practicar con ambos pies y desde los dos lados del campo. Los jugadores deben recordar golpear el balón por la parte superior del mismo, a fin de mantener el tiro bajo.

Ejercicio 41

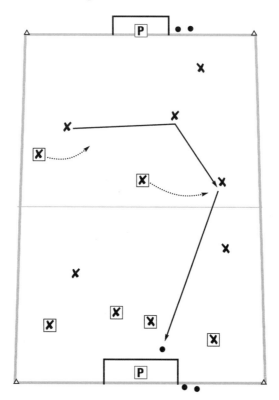

Propósito: Tiros desde lejos.

Desarrollo: Se instalan dos porterías móviles en un área de 30 por 20 metros y se sitúa un guardameta en cada una. Dos equipos de seis jugadores compuestos de cuatro atacantes y dos defensas jugarán en cada mitad del campo sin abandonar su área. Los cuatro atacantes intentan crear una situación de peligro para marcar gol, bajo el acoso de los dos defensas. El ejercicio se inicia cuando el portero hace rodar el balón hacia su equipo. Durante el ejercicio los defensas podrán atacar si interceptan el balón de los atacantes contrarios o por un rebote de su propio equipo.

Equipamiento: Cuatro conos, dos porterías móviles, dos juegos de petos de colores y algunos balones.

Progresión: Puede ser un ejercicio más competitivo si hace recuento de los goles marcados por cada equipo, o añadiendo un nuevo defensa a cada equipo.

Ejercicio 42

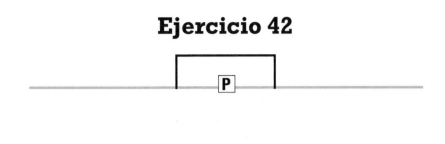

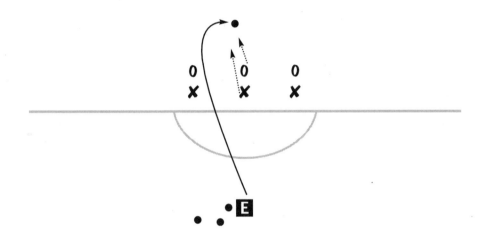

Propósito: Girarse para tirar a puerta.

Desarrollo: Tres atacantes permanecerán en el área de penalti de frente al entrenador, que se colocará, provisto de balones, a una distancia de 6 a 10 metros. Tres defensas marcarán a los atacantes, pero se encontrarán de espaldas hasta que se lance el balón, momento en el cual podrán girarse. El entrenador lanzará el balón por encima o entre los jugadores, y los que se encuentren más cerca saldrán a por él, ya sea para intentar marcar o evitar el gol, según corresponda. Los atacantes tendrán la ventaja de ver antes el balón. El ejercicio continuará con otro balón en juego cuando los jugadores se hayan colocado de nuevo.

Equipamiento: Bastantes balones.

Progresión: El entrenador puede variar el lanzamiento o crear una competición entre los jugadores para ver quién marca más tantos.

Ejercicio 43

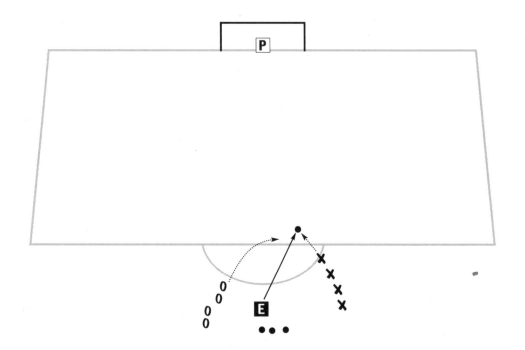

Propósito: Tirar adecuadamente con un defensa retrasado.

Desarrollo: Dos filas de jugadores, una de atacantes y la otra de defensas, se sitúan frente a una portería con guardameta, con el entrenador entre ambas filas. Los atacantes empezarán desde unos metros más adelante; el entrenador lanzará el balón hacia los atacantes de maneras diversas mientras los defensas, que se encuentran retrasados, intentan evitar que se dispare a puerta. Las filas se intercambiarán, asegurándose siempre de que los atacantes tengan ventaja.

Equipamiento: Balones.

Progresión: Se puede acercar un poco a los defensas para dificultar aún más los disparos.

Ejercicio 44

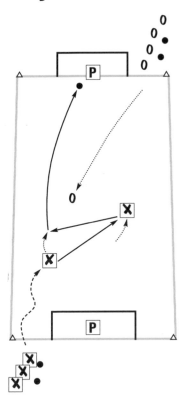

Propósito: Dos contra uno.

Desarrollo: Se instalarán dos porterías con sus respectivos guardametas en un área de 18 por 10 metros. Dos filas de jugadores se situarán en lados opuestos de cada portería con un número elevado de balones. Dos jugadores de una fila saldrán con un balón para intentar marcar, mientras uno de la otra fila saldrá a actuar como defensa y jugar así un 2 contra 1. Los jugadores volverán a sus filas y empezará un nuevo 2 contra 1, pero intercambiando los papeles de las filas.

Equipamiento: Cuatro conos, dos porterías móviles, dos juegos de petos de colores y bastantes balones.

Progresión: El entrenador puede organizar un 2 contra 2 haciendo que un defensa extra se incorpore cada vez. Como alternativa, el defensa puede practicar el fuera de juego en el 2 contra 1, para que los atacantes necesiten medir el tiempo de sus incursiones y pases antes de disparar.

Ejercicio 45

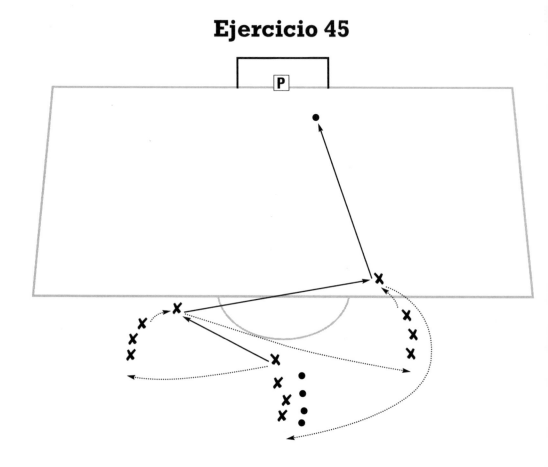

Propósito: Situaciones de tiro.

Desarrollo: Tres filas de jugadores se alinean fuera del área de castigo. La fila central, un poco más retrasada, tendrá los balones. El primer jugador de la fila central pasará el balón a la fila que se encuentra a su izquierda, el segundo jugador le pasará a su vez a su compañero de la fila de la derecha, que disparará a puerta inmediatamente. Los tres jugadores rotarán entonces hacia la derecha y el ejercicio continúa con los siguientes tres jugadores. También se podrán realizar los pases y disparos desde la dirección opuesta.

Equipamiento: Bastantes balones.

Progresión: El entrenador podrá variar la dirección de los pases y de los tiros (pasar y girarse para tirar, pasar delante del jugador para disparar o retrasar hasta el jugador que se acerca).

Ejercicio 46

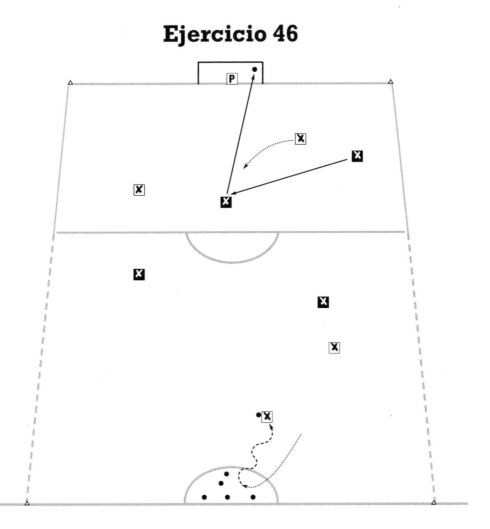

Propósito: Situaciones de tiro.

Desarrollo: Se delimita un rectángulo desde la línea exterior del área de castigo hasta la línea de medio campo, y se dejan seis balones dentro del círculo central. Además, se organizarán varios equipos para que jueguen un 4 contra 4, en el cual el equipo en posesión del balón procurará marcar mientras el otro equipo intentará evitarlo. En el momento en que un equipo dispare, un jugador del otro equipo irá a por otro balón para intentar marcar.

Equipamiento: Cuatro conos, dos juegos de petos de colores y balones.

Progresión: Se podrá organizar una competición para ver qué equipo marca más goles; el entrenador puede imponer un límite de tiempo.

Ejercicio 47

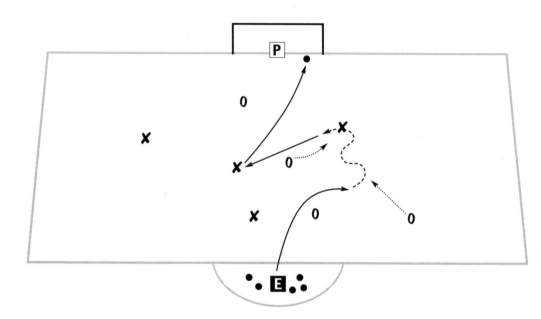

Propósito: Situaciones de disparo para tiros rápidos.

Desarrollo: Dos equipos de tres o cuatro jugadores permanecerán en el área de castigo mientras que el entrenador estará en el círculo con una serie de balones. Este último lanzará el balón al azar sobre el área de castigo para que los jugadores más cercanos intenten tirar más rápido. Como alternativa, los jugadores pueden hacer un pase o regatear antes de preparar la jugada para sus compañeros de equipo, mientras el otro equipo intenta evitar que marquen. El entrenador lanzará otro balón en cuanto se marque un gol, a fin de mantener a los jugadores bajo presión, igual que en un partido real.

Equipamiento: Bastantes balones y dos juegos de petos de colores.

Progresión: El entrenador puede añadir puntuaciones por equipos para incrementar la presión, o restringir el juego a uno o dos toques.

Ejercicio 48

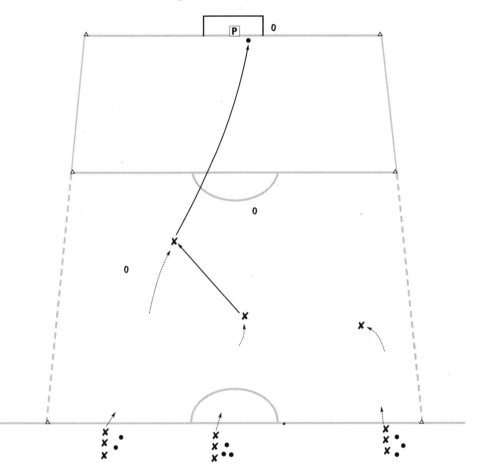

Propósito: Pases con tiro.

Desarrollo: Se delimita un rectángulo con el ancho del área de castigo hasta la línea de medio campo. Tres filas de jugadores se situarán detrás de la línea de medio campo, frente a dos defensas; otro defensa realizará la función de recogepelotas. Los tres primeros jugadores saldrán a jugar un 3 contra 2 e intentarán marcar. En cuanto termine el ataque, los tres jugadores se desplazarán a los lados para dejar paso a la «siguiente oleada» de atacantes.

Equipamiento: Seis conos y bastantes balones.

Progresión: Los jugadores realizarán el ejercicio durante un tiempo establecido antes de rotar para que la fila de defensas se convierta en atacante.

Ejercicio 49

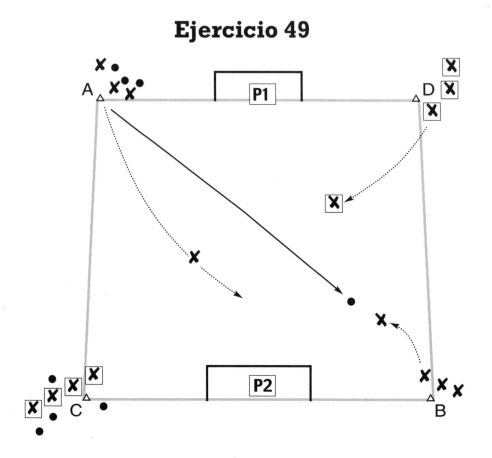

Propósito: Aprovechar rápidamente un compañero para propiciar una situación de disparo a puerta.

Desarrollo: Cuatro filas de jugadores (A, B, C y D) se alinean en las esquinas de un cuadrado de 20 metros de lado que tiene dos porterías móviles con sus respectivos porteros. Las filas C y D jugarán con los mismos colores, y las filas A y C estarán provistas de balones. El ejercicio comenzará cuando el jugador A realice un pase oblicuo al jugador B y luego corra para ayudar a éste contra el defensa que se acerca desde la fila D a fin de jugar un 2 contra 1. A y B intentarán marcar en la portería 1. Al finalizar la jugada, A y B se colocarán al final de las filas opuestas, mientras que D se incorporará a la fila C. El ejercicio continuará en sentido opuesto: C pasará diagonalmente a D y jugarán un 2 contra 1 con el jugador B como defensa para marcar en la portería 2.

Equipamiento: Cuatro conos, dos porterías móviles y varios balones.

Progresión: Los equipos pueden competir para ver cuál marca más goles.

Ejercicio 50

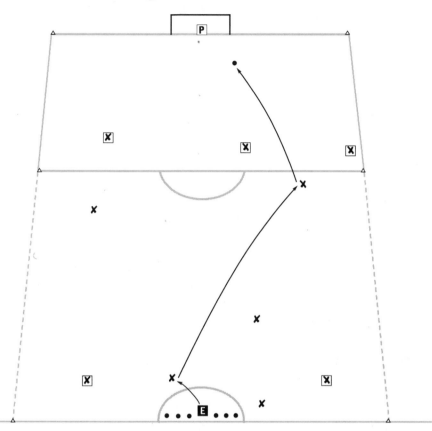

Propósito: Diversas situaciones de disparo.

Desarrollo: Se marca un rectángulo desde el ancho del área de castigo hasta la línea de medio campo. El entrenador, provisto de muchos balones, permanecerá en el círculo central, mientras dos equipos juegan un 5 contra 5 en el área. El entrenador lanzará un balón, y el equipo que obtenga su posesión realizará el ataque; si este equipo consigue disparar a puerta, obtendrá el siguiente saque, o los dos siguientes si logra marcar. El equipo de defensas sólo podrá obtener el saque si roba el balón y lo lleva hasta el círculo central. El equipo que marque más goles gana.

Equipamiento: Seis conos, dos juegos de petos de colores y bastantes balones.

Progresión: El entrenador puede limitar el número de toques a dos, a fin de asegurar que se realicen una gran cantidad de disparos.

Capítulo 6

EL JUEGO DE CABEZA

Los golpeos de cabeza son una técnica exclusiva del fútbol, pues en ningún otro deporte se utiliza la cabeza para impulsar el balón. Aunque la mayor parte del juego se produce en el suelo, el remate de cabeza es una parte integral del fútbol. Cualquier jugador juvenil, sea cual sea su posición, debe dominar el juego aéreo, ya sea defendiendo o atacando. El golpeo de cabeza es una técnica que requiere un enfoque lógico y cuidadoso a la hora de mostrarlo a los jugadores jóvenes. A este nivel, ya poseen unas nociones y técnicas básicas que habrán adquirido durante su formación inicial. El objetivo de los siguientes ejercicios es consolidar y extender estas técnicas de manera que el jugador se familiarice con los golpeos de cabeza en situaciones más activas y reales.

La altura y el carácter atlético de Sol Campbell constituye el principal bastión de la defensa inglesa. Es especialmente eficaz en el juego aéreo, y gracias a su talla y su potente salto puede despejar el balón fuera de la zona de peligro.
Foto: Chris Lobina

Ejercicio 51

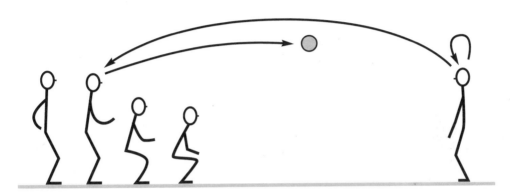

Propósito: Golpeo de cabeza controlado.

Desarrollo: Una fila de jugadores se situará enfrente de otro compañero, a 4 ó 6 metros, que lanzará el balón hacia arriba para realizar un golpeo de cabeza controlado hacia el primer jugador de la fila, que lo devolverá con otro golpeo y se agachará rápidamente para que su compañero de detrás reciba el balón y siga así el ejercicio. Una vez finalizada la tanda, se cambiará al lanzador por otro jugador de la fila, hasta que todos hayan tenido su turno. La primera fila que complete una secuencia de golpeos de cabeza sin parar y sin que el balón toque el suelo gana.

Equipamiento: Un balón.

Progresión: El lanzador se puede alejar para que aumente la dificultad.

Ejercicio 52

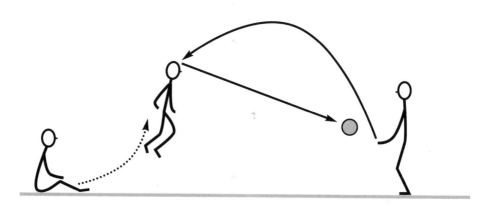

Propósito: Desarrollar la habilidad para saltar en suspensión cuando se golpea de cabeza.

Desarrollo: Un jugador se sentará en el suelo de frente al entrenador o a un compañero (el lanzador) con una separación de entre 5 a 8 metros, que tendrá un balón en las manos. El lanzador gritará «¡Arriba!» mientras lanza el balón hacia el jugador con un tiro alto y parabólico. Éste saltará deprisa y en suspensión antes de devolver el balón con un golpeo de cabeza. Después se sentará enseguida para esperar el próximo balón, entre cuatro y seis lanzamientos.

Equipamiento: Un balón.

Progresión: El lanzador puede incrementar el número de lanzamientos.

Ejercicio 53

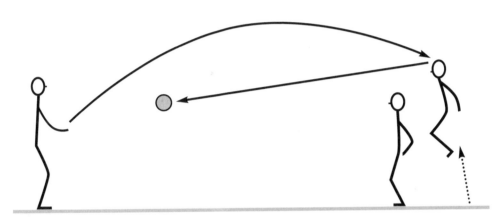

Propósito: Golpeos de cabeza del defensa.

Desarrollo: El jugador que hará de lanzador se sitúa con el balón a una distancia de 5 a 7 metros de otros dos jugadores, que se encontrarán a un metro el uno del otro. El jugador de más atrás recibirá un tiro en parábola que le enviará el lanzador sobre la cabeza del primero en la fila. Saltará y golpeará con la cabeza devolviendo el balón hasta seis veces antes de cambiar las posiciones. El primer jugador de la fila no se moverá durante todo el ejercicio.

Equipamiento: Un balón.

Progresión: El lanzador se puede separar, o el jugador de delante podría oponerse un poco saltando ligeramente a su vez.

Ejercicio 54

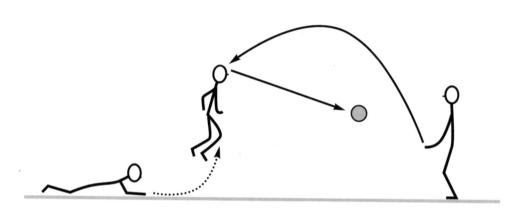

Propósito: Saltos y recuperaciones para golpear de cabeza.

Desarrollo: Un jugador se tumbará en el suelo boca abajo y frente al entrenador o a otro jugador, con una separación de 5 a 8 metros. El lanzador gritará «¡Arriba!» mientras lanza el balón sin levantar las manos y formando un arco elevado, dando tiempo al jugador a reaccionar rápido para saltar y golpear de cabeza. El ejercicio continuará por un número establecido de lanzamientos.

Equipamiento: Un balón.

Progresión: Lance el balón desde más lejos o aumente el número de lanzamientos.

Ejercicio 55

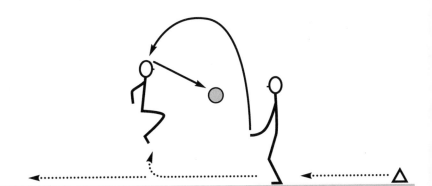

Propósito: Saltar para golpear de cabeza mientras se mueve hacia atrás.

Desarrollo: Los jugadores se situarán de frente por parejas, uno de ellos con un balón en las manos, a una distancia de 1 a 5 metros. El jugador con el balón empezará desde un cono, desde el cual ambos jugadores empezarán a moverse hacia otro cono que se encuentra a una distancia de 20 metros. Mientras el lanzador se mueve hacia delante lanzando alto el balón, el otro jugador irá hacia atrás y saltará para golpear de cabeza y enviarlo a la altura del pecho del lanzador, que seguirá lanzando hasta que el otro jugador alcance el cono que se encuentra a su espalda. Una vez allí se intercambiarán las posiciones.

Equipamiento: Dos conos y un balón.

Progresión: Se pueden lanzar los balones hacia atrás, adelante o hacia los laterales, a fin de variar el ejercicio.

Ejercicio 56

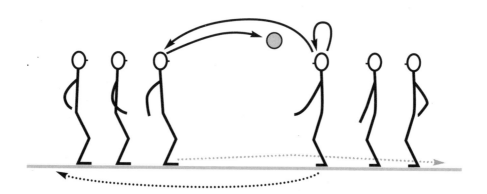

Propósito: Golpeos de cabeza en movimiento.

Desarrollo: Dos filas de jugadores se sitúan una enfrente de la otra con una separación de 1 a 6 metros. El primer jugador de una de las filas tendrá un balón en su poder, que lanzará hacia arriba para hacer un golpeo de cabeza hacia el jugador de la fila de enfrente, para luego incorporarse al final de la fila opuesta. Los jugadores seguirán rematando continuadamente, y harán recuento del número máximo de golpeos seguidos logrados.

Equipamiento: Un balón.

Progresión: Los jugadores se separarán a fin de incrementar la dificultad del ejercicio.

Ejercicio 57

Propósito: Golpeos de cabeza en movimiento.

Desarrollo: Dos filas de jugadores se sitúan una enfrente de la otra con una separación de 1 a 6 metros. El primer jugador de una de las filas tendrá un balón en su poder, que lanzará hacia arriba para hacer un golpeo de cabeza de precisión hacia el primer jugador de la fila de enfrente, para después girarse e incorporarse a la parte trasera de su propia fila. El jugador de la fila opuesta hará lo mismo, y así seguirá el ejercicio con todos los jugadores rematando de cabeza de forma secuencial. Al terminar el ejercicio se contabilizará el número máximo de golpeos continuados.

Equipamiento: Un balón.

Progresión: Los jugadores se pueden separar a fin de incrementar la dificultad del ejercicio.

Ejercicio 58

Propósito: Golpeos de cabeza.

Desarrollo: Tres jugadores formarán un triángulo con una separación entre ellos de 2 a 3 metros, y deberán mantener el balón en el aire mediante golpeos de cabeza entre ellos. No se permitirán más de tres toques consecutivos antes de rematar a un compañero. Los distintos grupos competirán por realizar el mayor número de pases seguidos. Cada jugador debe recordar elevar bastante el balón en el aire para que sus compañeros puedan golpear con precisión.

Equipamiento: Un balón.

Progresión: El entrenador puede nombrar un número del 1 al 3; por turnos, cada jugador deberá golpear en el aire el número de veces indicado antes de pasarlo al compañero.

Ejercicio 59

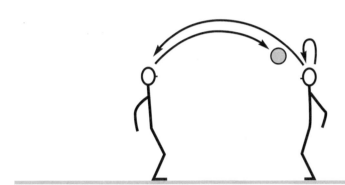

Propósito: Juego de cabeza y controles.

Desarrollo: Dos jugadores se colocarán enfrentados a una distancia de 2 a 3 metros. Un jugador tendrá un balón, que se lanzará a sí mismo para después pasarlo de cabeza a su compañero y que éste lo mantenga en el aire. El ejercicio continuará con cada jugador controlando el balón por sí mismo antes de pasarlo a su compañero en un segundo remate. Más adelante podrán mantener el balón en el aire por ellos mismos durante más tiempo antes de pasarlo.

Equipamiento: Un balón.

Progresión: Cada pareja puede competir para ver quién realiza el mayor número de pases seguidos; irán aumentando gradualmente el número de pases hasta que se pierda el control del balón.

Ejercicio 60

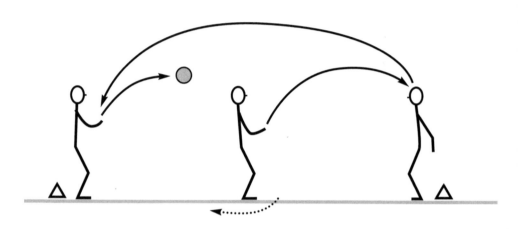

Propósito: Pase de cabeza con potencia.

Desarrollo: Tres jugadores se colocan en línea, con una separación de entre 2 a 6 metros. El jugador tendrá un balón, que lanzará a uno de sus compañeros de los extremos sin levantar las manos. El jugador que recibe el balón hace un pase de cabeza alto y potente hacia el jugador del otro extremo pasando por encima del jugador central, que se girará para coger el balón que le devuelve sin levantar las manos, para acto seguido repetir con él el ejercicio.

Equipamiento: Dos conos y un balón.

Progresión: Se pueden separar los jugadores para que los golpeos sean más fuertes. Tras tres repeticiones, los jugadores se intercambiarán posiciones.

Ejercicio 61

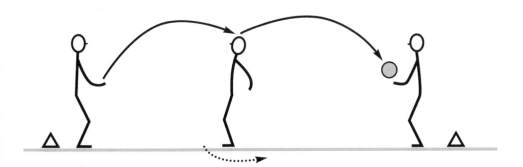

Propósito: Golpeo de cabeza prolongando hacia atrás.

Desarrollo: Tres jugadores se colocarán en línea, a una distancia de 2 ó 3 metros entre ellos. Uno de los jugadores de los extremos sostendrá un balón, que lanzará sin levantar las manos hacia el central, que de cabeza lo prolongará hacia atrás para que lo coja el otro jugador del extremo. El jugador central se girará para repetir el ejercicio en el sentido contrario, y continuará la secuencia entre seis y diez veces.

Equipamiento: Dos conos y un balón.

Progresión: Se pueden separar los jugadores para que los golpeos sean más largos, o se puede indicar a los jugadores de los extremos que golpeen de cabeza a su vez en lugar de atrapar el balón.

Ejercicio 62

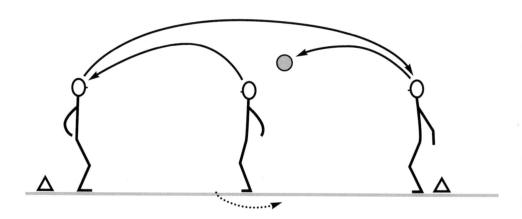

Propósito: Juego de cabeza controlando la potencia.

Desarrollo: Tres jugadores se sitúan en una línea separados por 3 metros. El jugador central, que tendrá un balón, golpeará de cabeza hacia el que tiene delante, quien a su vez pasará al jugador del lado opuesto, pasando por encima del jugador medio. Este último se girará para recibir a su vez otro pase del jugador que recibió el último, y repetirá el ejercicio en el sentido contrario manteniéndose la secuencia de pases largos y cortos para completar el ejercicio.

Equipamiento: Dos conos y un balón.

Progresión: Los jugadores se pueden alejar a fin de alargar los pases de cabeza.

Ejercicio 63

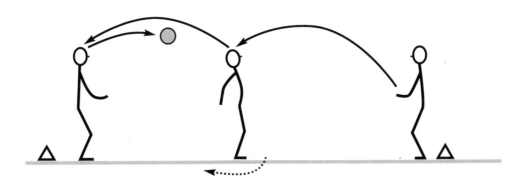

Propósito: Prolongaciones y golpeos de cabeza.

Desarrollo: Tres jugadores se colocarán en línea, a una distancia de 2 ó 3 metros entre ellos. Uno de los jugadores de los extremos sostendrá un balón, que lanzará sin levantar las manos hacia el central, que estará de frente a él, para prolongarlo hacia atrás de cabeza y girarse rápidamente para recibir el balón de vuelta enviado de cabeza por el otro jugador y repetir el golpeo hacia atrás. Los tres jugadores intentarán mantener una secuencia de remates lo más larga posible.

Equipamiento: Dos conos y un balón.

Progresión: Grupos de jugadores compiten para comprobar quién mantiene la secuencia más larga.

Ejercicio 64

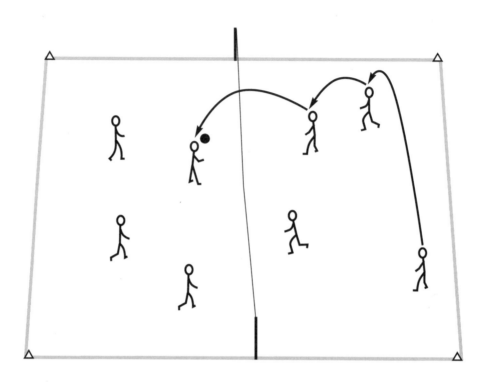

Propósito: Técnicas diversas de golpeos de cabeza.

Desarrollo: Dos equipos de cuatro o cinco jugadores jugarán "tenis de cabeza" en una pista de 15 metros, con una cuerda o red por encima de la altura de la cabeza en la línea central. Un jugador pondrá en juego el balón con un golpeo de cabeza hacia el otro lado de la red. Al principio, podrán dejar que el balón bote algunas veces, pero deben usar el pie para levantarlo a fin de que un compañero de equipo lo envíe con la cabeza hacia el otro lado. Cuando el balón caiga fuera del campo o no pase la red el equipo perderá un punto.

Equipamiento: Cuatro conos, dos mástiles de banderín, una red o soga y un balón.

Progresión: Tres jugadores de cada equipo deben hacer pases de cabeza consecutivos antes de lanzar el balón al otro lado de la red.

Ejercicio 65

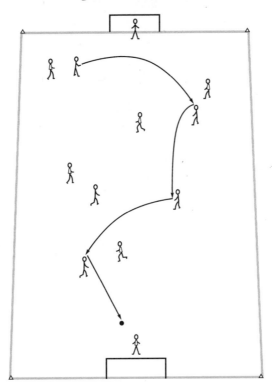

Propósito: Golpeos de cabeza ante un jugador contrario.

Desarrollo: Dos equipos de seis jugadores, incluidos dos guardametas en sus porterías móviles, juegan en un área de 40 por 30 metros. Los jugadores realizarán secuencias de lanzamiento-golpeo de cabeza-captura de balón; el primer jugador realizará un lanzamiento alto hacia el siguiente compañero de equipo, que golpeará de cabeza para que otro compañero lo atrape. Una vez que un jugador atrapa un balón ya no se le puede obstruir, pero en cuanto el balón se encuentre en el aire, todos los jugadores podrán ir a por él. Si un jugador lanza el balón y ningún compañero de equipo lo golpea de cabeza, la posesión del mismo pasa al otro equipo. Sólo se podrá tirar a puerta mediante un remate de cabeza directo durante la secuencia indicada.

Equipamiento: Cuatro conos, dos juegos de petos de color, dos porterías móviles y un balón.

Progresión: El entrenador puede permitir a los jugadores que lancen mediante una patada controlada con volea desde sus manos.

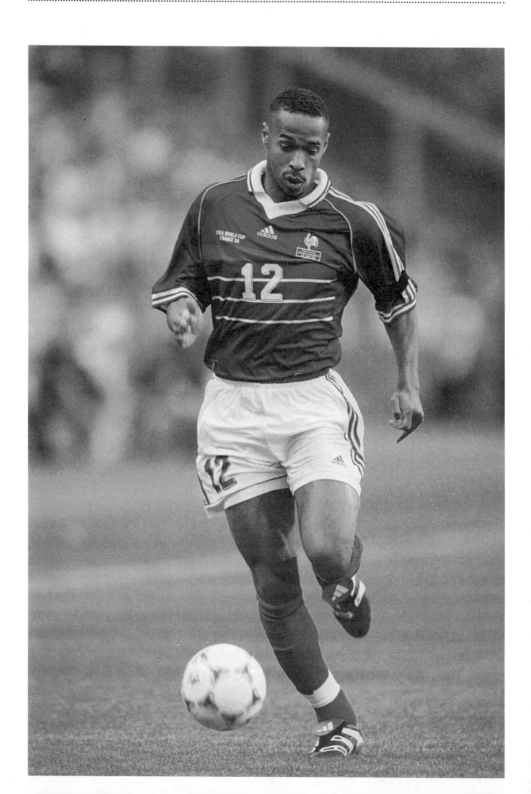

Capítulo 7

LOS CENTROS Y LOS REMATES

Diversos estudios han demostrado que, a todos los niveles del juego, un alto porcentaje de goles se marcan como consecuencia de un pase desde una banda. Los jugadores jóvenes deben aprender a realizar centros con eficacia desde ambos lados del campo. De igual modo, deben saber dilucidar el momento y el lugar exacto de empezar a correr para recoger un pase, y por supuesto, deben practicar continuamente las distintas técnicas requeridas para transformar los pases en goles.

A la hora de aprender a realizar un centro, los jóvenes deben comenzar con un balón parado antes de cambiar a un balón en movimiento, más difícil de dirigir. Rematar un pase requiere práctica a fin de prever el momento preciso para alcanzar el balón, y calcular su velocidad, ángulo y altura a fin de decidirse por un remate de cabeza, una volea, una vaselina o golpearlo desde el suelo. El entrenador debe comenzar los ejercicios con pases más lentos y dar a los jugadores jóvenes bastantes oportunidades para que desarrollen sus propias técnicas, así como aprender las que el entrenador les enseñe, para finalmente terminar el pase con un disparo a puerta. Resulta una buena idea repetir el mismo tipo de centro varias veces para practicar convenientemente una técnica antes de aprender otra distinta para manejar una situación diferente.

A esta edad, todos los jugadores, sea cual sea su posición en el campo, deben practicar los centros y los remates a puerta, de manera que puedan emplear esta destreza en su juego.

En la página anterior: Thierry Henry, extremo internacional francés, tardó tiempo en meterse en el juego en la fase final del Mundial de Fútbol de 1998, pero cuando al final se puso a punto resultó devastador para las defensas de sus oponentes. Su trote demoledor le permitió infiltrarse hasta la línea de meta muchas veces, propiciar pases peligrosos, y meterse dentro del área cuando menos se espera. *Foto: Richard Martin*

Ejercicio 66

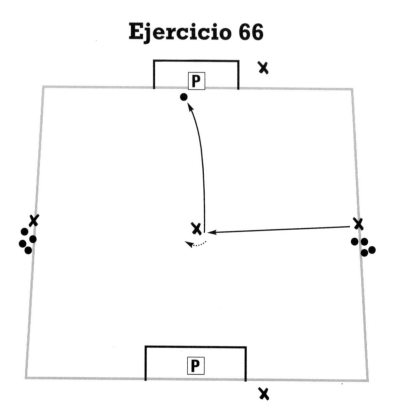

Propósito: Girarse para rematar tras un pase al centro.

Desarrollo: Se delimita un cuadrado de 20 metros, con dos porterías móviles con sus guardametas y un recogepelotas detrás de cada una de ellas. Dos jugadores, con varios balones cada uno, se situarán a la mitad de ambas líneas de banda, enfrente de un jugador situado en el centro del área. Los jugadores de las bandas realizarán centros por turnos al jugador central para que éste remate de cabeza o tire a puerta. Los pases deben ser consecutivos, para que el jugador del centro reciba continuamente pases, girándose a ambos lados.

Equipamiento: Dos porterías móviles y bastantes balones.

Progresión: Tras un período de tiempo definido, el jugador del centro se intercambiará por otro compañero.

Ejercicio 67

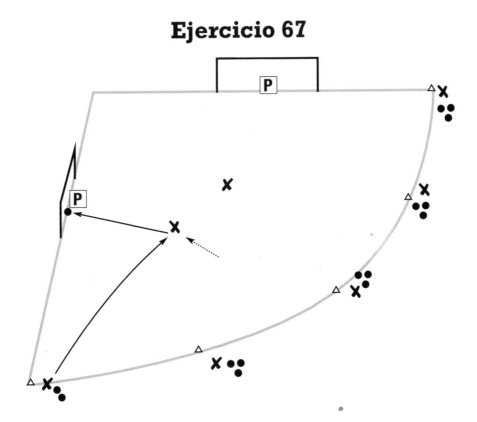

Propósito: Rematar los pases efectuados desde distintas posiciones.

Desarrollo: Se instalarán dos porterías, cada una a una distancia de 5 a 7 metros desde la esquina del campo de fútbol, en las líneas de banda y de meta, protegidas por dos guardametas. En un arco de 20 metros de radio se colocará a cinco jugadores, que serán los lanzadores, a distancias equidistantes a lo largo de dicho arco, y cada uno con entre tres y cinco balones. Dos delanteros se colocarán en el centro del área, a una distancia de 9 metros con respecto a las porterías. El lanzador de una esquina comienza el ejercicio lanzando el balón hacia el centro, para que los delanteros intenten rematar de cabeza o con el pie; cada delantero tendrá su propia portería, y los lanzadores pondrán balones en movimiento de forma secuencial hasta que se agoten los balones, momento en el cual se cambiará a los delanteros.

Equipamiento: Dos porterías móviles, cinco conos y bastantes balones.

Progresión: Se pueden imponer condiciones a los delanteros a la hora de tirar a puerta, como disparos al primer toque, o que los delanteros puedan marcar en cualquier portería.

Ejercicio 68

Propósito: Elegir el momento para arrancar con el fin de rematar un centro enviado por un extremo.

Desarrollo: En un campo de fútbol se delimita un rectángulo desde la línea de meta, siguiendo la línea lateral del área de castigo hasta la línea de medio campo, y se instala una portería móvil enfrente de la del campo, en la línea de medio campo; dos guardametas defenderán ambas porterías. Dos filas de jugadores, provistas de balones, se situarán enfrentadas en los extremos opuestos del rectángulo. El primer jugador correrá con el balón a lo largo del área hacia la fila opuesta y realizará un pase a los defensas, que intentarán marcar gol. En el mismo momento en que el jugador realice el pase, el primer jugador de la fila opuesta le rebasará con el balón para realizar un pase a los delanteros. El primer jugador que hizo el pase debe volverse y perseguir al nuevo jugador para mantenerle bajo presión pero sin entrarle. Cada jugador repetirá el proceso siendo perseguido y persiguiendo.

Equipamiento: Cinco conos, balones y una portería móvil.

Progresión: Mueva el rectángulo a la otra banda para que los jugadores puedan practicar con el otro pie.

Ejercicio 69

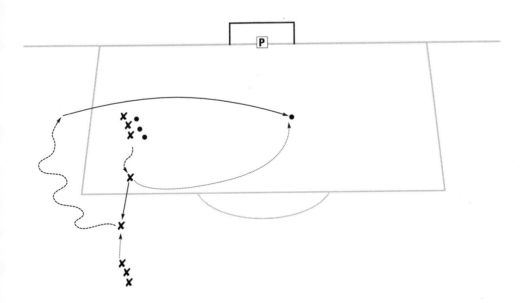

Propósito: Carreras y centros coordinados.

Desarrollo: En un lateral del área de castigo se sitúan dos filas enfrentadas con una separación de 8 a 12 metros. Cada jugador de la fila más cercana a la portería tendrá un balón. El primer jugador de esta fila empezará a conducir el balón despacio hacia delante mientras el primero de la fila opuesta se aproxima a la misma velocidad. El primero realiza un pase corto para después desplazarse hacia el frente de la portería con una trayectoria en forma de herradura grande. El jugador que recibió el pase correrá con el balón por la banda y hará un centro al primer jugador, que rematará con la cabeza o el pie. Ambos jugadores se colocarán en filas opuestas para que los dos siguientes continúen el ejercicio.

Equipamiento: Bastantes balones.

Progresión: Acelere el ritmo del entrenamiento, o pida a los jugadores que se concentren en movimientos específicos (por ejemplo, un pase al poste y remate de cabeza). Ambos jugadores deberán sincronizar sus movimientos para permitir disparos eficaces a puerta.

Ejercicio 70

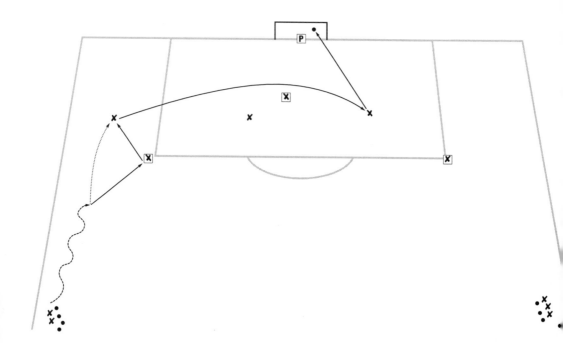

Propósito: Rematar un centro con oposición.

Desarrollo: Dos filas de jugadores se alinean en las bandas de un campo de fútbol, a 15 metros de dos jugadores colocados en las esquinas del área de castigo. Dos atacantes y un defensa se colocarán dentro de dicha área, que no podrán abandonar. Los extremos, que tendrán un balón cada uno, se adelantarán alternativamente y harán una pared con los jugadores de las esquinas antes de realizar un pase cruzado a los atacantes para que intenten marcar mientras el defensa intenta evitarlo.

Equipamiento: De uno a tres petos de color y bastantes balones.

Progresión: Añada otro defensa en el área de castigo.

Ejercicio 71

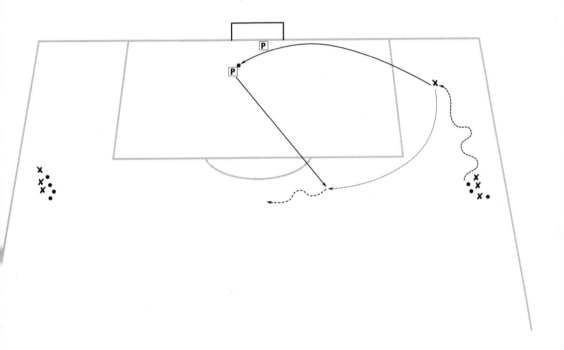

Propósito: Centros.

Desarrollo: Dos filas de jugadores permanecerán en las bandas de un campo de fútbol, cada uno con un balón y de frente a la portería, en la que se encuentran dos guardametas. El primer jugador de una de las filas correrá a lo largo de la banda antes de hacer un pase cruzado al área de castigo, donde el portero más cercano detendrá el balón. El jugador se girará entonces y correrá alrededor de dicha área, y el portero le devuelve el balón rodando, para luego conducirlo hacia la otra banda a fin de que el jugador de la otra fila continúe el ejercicio.

Equipamiento: Balones.

Progresión: El entrenador puede indicar a los jugadores que lleven el balón más hacia la banda o que corran más deprisa con él antes de realizar el pase.

Ejercicio 72

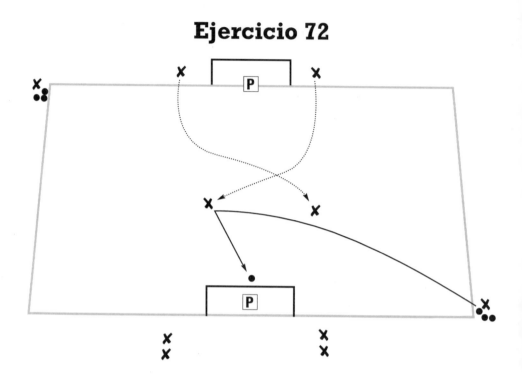

Propósito: Pases y remate.

Desarrollo: Dos jugadores se sitúan con balones en esquinas opuestas de un área que mida de 15 a 20 metros de largo por 30 de ancho, con dos porterías móviles y porteros. Se alinean varias filas de jugadores a los lados de las porterías. Los primeros jugadores de las dos filas del mismo extremo comienzan a correr hacia la portería opuesta cruzándose en el camino para cambiar de banda; calcularán su velocidad para llegar al pase que vendrá de uno de los jugadores de las esquinas e intentarán marcar mediante un remate de cabeza o con el pie. Se incorporarán al final de la fila opuesta y el ejercicio continuará desde esta fila.

Equipamiento: Dos porterías móviles y balones.

Progresión: Cree una competición en la que los jugadores obtengan dos puntos por goles marcados con remate de cabeza y uno para los obtenidos mediante disparo.

Ejercicio 73

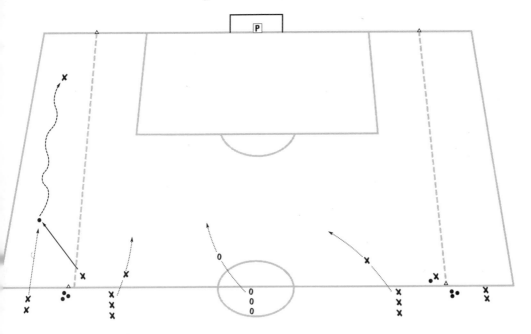

Propósito: Centros y remates en una situación de juego real.

Desarrollo: En un campo de fútbol se delimitan dos rectángulos en cada banda, desde la línea de meta hasta la de medio campo. Dos filas de jugadores se colocarán a ambos rectángulos, en la línea de medio campo. A lo largo de esta línea se situarán dos lanzadores, con balones, a una distancia entre 6 y 10 metros de cada fila. Tres filas más de jugadores se colocarán también en la línea de medio campo entre los rectángulos, con unos metros de separación entre ellas; los jugadores de la fila central serán defensas, y las otras dos filas atacantes. El ejercicio comenzará cuando uno de los lanzadores pase el balón al primer jugador de la fila más cercana dentro de uno de los triángulos (el extremo), que correrá con él a lo largo de dicho rectángulo. En ese mismo instante saldrán dos atacantes y un defensa, los primeros para recibir el pase del extremo e intentar marcar y el último para impedirlo. El ejercicio continuará desde la otra banda.

Equipamiento: Cuatro conos, una portería móvil y bastantes balones.

Progresión: Tras un tiempo establecido los atacantes y extremos se cambian para que todos practiquen centros y remates a puerta.

Ejercicio 74

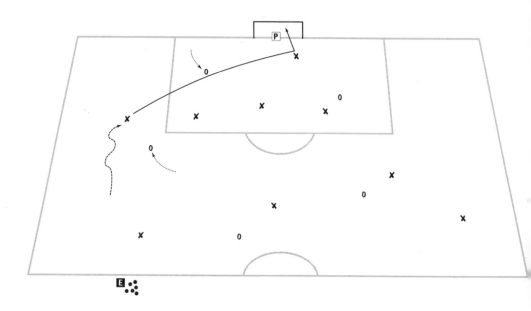

Propósito: Centros y remates en una situación de juego real.

Desarrollo: En la mitad de un campo de fútbol cinco delanteros y tres defensas se disputarán la posesión del balón, pero no podrán penetrar en el área de castigo, donde cuatro atacantes más jugarán contra dos defensas, que a su vez no podrán abandonar el área de castigo. El entrenador, que tendrá a su disposición balones, se encontrará en la línea de medio campo. Los atacantes que se encuentran fuera intentarán moverse hacia las bandas para hacer un pase a los delanteros que se encuentran dentro del área de castigo a fin de que éstos rematen de cabeza o con el pie. Después de cada disparo a puerta el entrenador reiniciará el ejercicio.

Equipamiento: Dos juegos de petos de color y balones.

Progresión: El entrenador puede añadir un defensa extra fuera o dentro del área de castigo.

Ejercicio 75

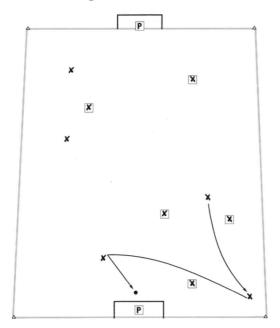

Propósito: Remates de cabeza tras pase alto, desde el extremo y en parábola con oposición.

Desarrollo: Dos equipos, cada uno con un portero, jugarán en un área delimitada de 40 metros de largo por 30 de ancho. Jugarán una secuencia volea-remate de cabeza-captura de balón, donde ambos equipos intentarán marcar un tanto en la portería contraria mediante un remate de cabeza. Un jugador elevará un balón ligeramente antes de usar su pie para elevarlo alto en una volea hacia un compañero de equipo. El jugador que lo recibe intenta rematar de cabeza hacia otro compañero mientras un oponente le marca. No se podrá marcar al jugador que en ese momento atrape el balón, pero en el momento en que lo vuelva a lanzar con volea, los jugadores de ambos equipos saltarán para rematar de cabeza hacia sus compañeros de equipo. El entrenador debe asegurarse de que los jugadores hagan las entradas sin riesgo de lesionarse.

Equipamiento: Dos juegos de petos de colores, bastantes balones, dos porterías móviles y cuatro conos.

Progresión: En lugar de atrapar siempre el balón después de un remate de cabeza, el entrenador puede permitir a los jugadores que rematen dos o tres veces consecutivamente si el balón está en el aire y por tanto se puede rematar.

Capítulo 8

EL PORTERO

El guardameta es el único especialista del equipo que necesita desarrollar sus propias técnicas específicas y sus tácticas individuales. El papel actual del portero se ha ampliado considerablemente durante los últimos años. Las novedades en la normativa, como la regla de la cesión, han forzado al guardameta a mejorar sus técnicas de golpeo y pases. La tecnología ha avanzado, aportando balones que se mueven más deprisa y que permiten darle un mayor efecto en el aire. Los desarrollos tácticos implican que el portero debe «interpretar el juego» y dirigir su defensa, así como poner el balón en juego mediante lanzamiento o pase para propiciar a su equipo ataques eficaces. Todos estos cambios han aumentado las obligaciones del portero.

Los ejercicios del presente capítulo ayudarán a los jóvenes jugadores a fundar las habilidades técnicas, el conocimiento y el talento necesarios para permanecer en su posición con dominio y confianza.

El guardameta inglés, David Seaman, ha mostrado durante años un rendimiento uniforme que le ha llevado a ser uno de los mejores porteros ingleses. Supone una formidable presencia como última línea de defensa en el área de meta, donde gana partidos realizando paradas e iniciando rápidos contraataques. Los guardametas jóvenes necesitan desarrollar el tipo de juego perfecto que exhibe este portero de primera clase.
Foto: Stu Forster

Ejercicio 76

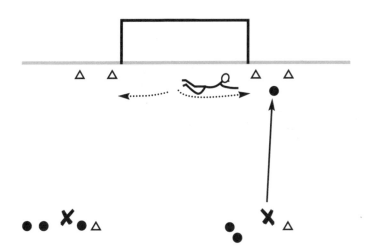

Propósito: Tirarse raso para desviar el balón de la portería.

Desarrollo: En una superficie blanda de hierba o arena, marque con conos dos pequeñas porterías de 2 metros de ancho a cada lado de una portería móvil. Dos jugadores con tres balones cada uno se colocan en dos conos enfrente de dichas porterías, a una distancia de 1 a 2 metros. El portero
comenzará en el centro de las dos porterías, y cada jugador, por turnos, pasará despacio el balón hacia su portería. El portero se deslizará o se tirará a
lo largo de la portería para intentar despejar el tiro, recuperándose enseguida para desviar el balón al otro lado. Se deben contar los despejes que
realice para ver cuántos puede hacer seguidos.

Equipamiento: Seis conos, una portería móvil y balones.

Progresión: Acelere el ejercicio según vaya mejorando su técnica el
guardameta.

Ejercicio 77

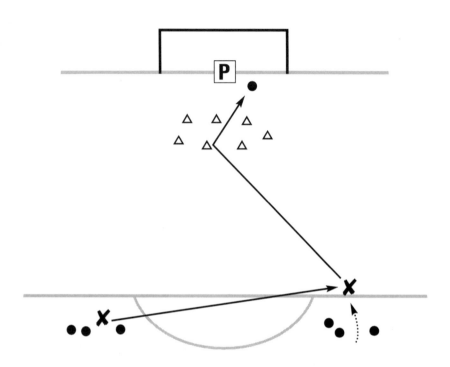

Propósito: Reflejos y paradas.

Desarrollo: El guardameta defenderá su portería con una serie de conos distribuidos delante del área de meta. Dos jugadores repartidos a cada lado del círculo de castigo se realizan pases mutuamente y disparan hacia los conos para que éstos desvíen el balón y el portero deba usar sus reflejos para desviar los disparos. En el momento en que el portero haga una parada se realizará otro disparo, a fin de mantener la fluidez del ejercicio.

Equipamiento: Entre seis y ocho conos y balones.

Progresión: Acelere los disparos a puerta. El portero no debe dejar escapar ningún disparo.

Ejercicio 78

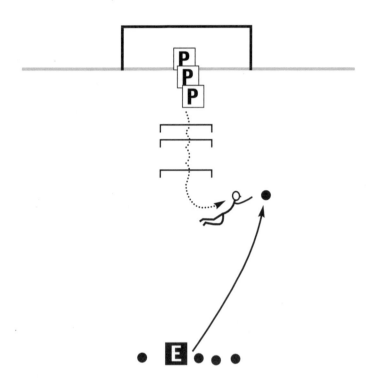

Propósito: Técnica para lanzarse y agilidad.

Desarrollo: Una fila de guardametas se sitúa en el área de meta, delante de una hilera de pequeñas vallas de entre 15 y 30 centímetros de altura. El entrenador permanecerá al otro lado de las vallas con una serie de balones. Cada portero correrá deprisa por encima de las vallas y recibirá el balón que el entrenador le ha lanzado hacia el lateral. Deberán tirarse, sostener el balón y levantarse rápidamente para incorporarse al final de la fila y esperar su próximo turno.

Equipamiento: Seis vallas y unos balones.

Progresión: El entrenador puede hacer el lanzamiento un poco más cruzado o más alto según se desarrolla el ejercicio y aumentar la dificultad para el guardameta.

Ejercicio 79

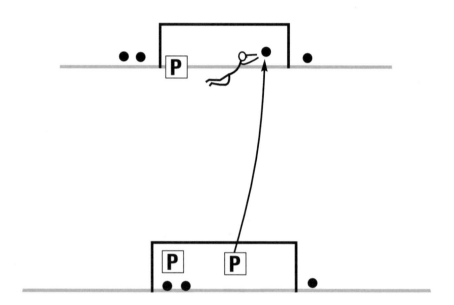

Propósito: Paradas y lanzamiento del balón.

Desarrollo: Dos pares de guardametas con balones defienden dos porterías móviles. Uno de los guardametas intentará marcar en la portería opuesta, mientras los dos porteros de la misma tratan de parar el disparo. Éstos devolverán el balón de una patada o lanzándolo. Los cuatro porteros intentarán marcar por turnos, asegurando que la presión sea continua.

Equipamiento: Dos porterías móviles y balones.

Progresión: Acerque las porterías. Como segunda opción, se puede lanzar o golpear el balón con mayor dureza (manteniendo la precisión) para propiciar paradas más comprometidas.

Ejercicio 80

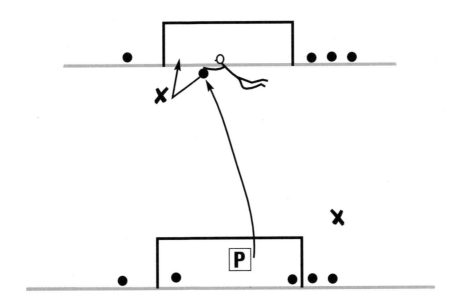

Propósito: Paradas protegiendo el balón.

Desarrollo: Se desarrolla el ejercicio con dos guardametas, dos porterías móviles y balones. Por turnos, los porteros rodarán los balones y dispararán a puerta, mientras el otro intenta parar el balón. Un jugador que se colocará a unos metros del lateral de la portería podrá rematar cualquier balón que rebote en el portero o que éste no pueda sostener.

Equipamiento: Dos porterías móviles y balones.

Progresión: Los disparos pueden ser más duros para dificultar al guardameta el atrapar el balón o desviarlo del área de peligro.

Ejercicio 81

Propósito: Técnica correcta para tirarse a por el balón.

Desarrollo: Los guardametas formarán una fila al lado de un balón con una separación de 1 metro. El primero se colocará enfrente del entrenador, que tendrá un balón en sus manos y permanecerá a 3 metros. El entrenador lanza el balón a una altura de un metro y hacia un lateral del otro balón que yace en el suelo. El portero se tirará para desviar o atrapar el balón en el aire, asegurándose de que pasa sobre el otro balón y que no lo toca.

Equipamiento: Bastantes balones.

Progresión: Puede gradualmente ir lanzando el balón más alto para dar dificultad al ejercicio.

Ejercicio 82

Propósito: Parar disparos altos.

Desarrollo: Los porteros formarán una fila a un metro del lado de otro jugador que se agachará en el suelo. El entrenador, con un balón en las manos, se colocará a 3 metros delante del jugador agachado, y lanzará el balón por encima del suelo hacia el lateral del primer portero, que se tirará para parar el disparo sin tocar al compañero agachado. El guardameta se debe impulsar de tal modo que los dos pies se encuentren en el aire cuando se tire.

Equipamiento: Balones.

Progresión: Lance el balón a mayor altura o más cruzado a fin de incrementar la dificultad para el portero.

Ejercicio 83

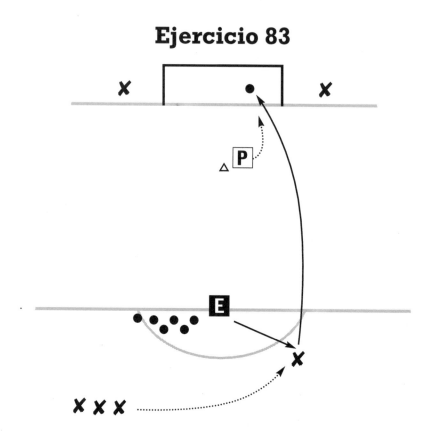

Propósito: Despejar un tiro en vaselina.

Desarrollo: El portero comenzará en el centro del área de meta, de frente al entrenador, que permanecerá en el círculo de castigo; una fila de jugadores se colocará a una distancia de 12 a 16 metros detrás de éste. El entrenador, que estará provisto de balones, los rodará despacio a cada jugador por turnos, que intentarán elevarlos por encima del portero para marcar gol. El portero no podrá moverse hasta que se produzca el tiro, y luego deberá volver a su posición inicial para recibir el siguiente. El guardameta necesitará un buen juego de piernas cuando corra tras el balón antes de intentar que pase por encima del larguero.

Equipamiento: Balones y un cono.

Progresión: Cada portero practicará durante un tiempo establecido y comparará su puntuación con los demás.

Ejercicio 84

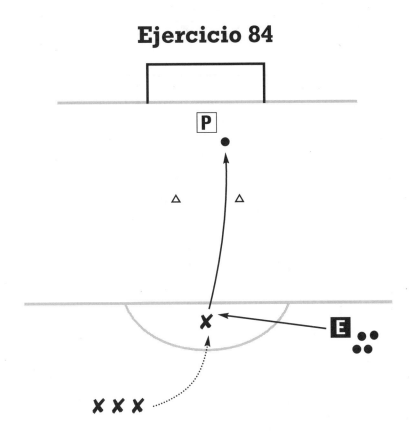

Propósito: Parar tiros fuertes cerca del cuerpo.

Desarrollo: El portero se situará delante de la línea de meta, y se colocarán dos conos separados por 3 metros a la mitad de la portería y el círculo de penalti. El entrenador permanecerá con balones a un lado del círculo, y una fila de jugadores formarán alejados de él, detrás del círculo de penalti. El entrenador realizará un pase flojo a cada jugador, por turnos, y procurarán disparar a puerta entre los conos para que el guardameta intente parar los disparos. Sólo contarán los disparos a través de los conos, por lo que los jugadores necesitarán ser precisos para proporcionar al portero un entrenamiento provechoso.

Equipamiento: Dos conos y balones.

Progresión: Según mejore el portero, acerque los jugadores a la portería para que los disparos vayan con más fuerza. Asegúrese de que los guardametas lleven guantes.

Ejercicio 85

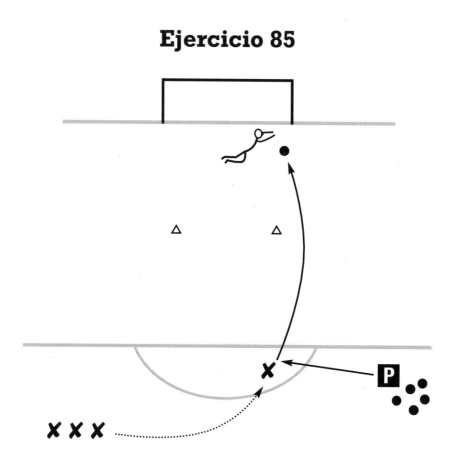

Propósito: Parar y despejar tiros cruzados a las esquinas.

Desarrollo: El portero se situará delante de la línea de meta, y se colocarán dos conos separados por 5 metros a medio camino entre la portería y el círculo de penalti. El entrenador permanecerá con un suministro de balones a un lado del círculo, y una fila de jugadores formarán alejados de él, detrás del círculo de penalti. El entrenador hará pases cortos a los jugadores para que disparen por fuera de los conos. El portero intentará parar los disparos.

Equipamiento: Dos conos y balones.

Progresión: Cambie a los porteros tras un tiempo determinado, y pida a los jugadores que varíen sus disparos para que el portero intente determinar por dónde vendrá el balón.

Capítulo 9

GIRARSE Y PROTEGER EL BALÓN

La mayoría de los jugadores son bastante buenos a la hora de jugar hacia delante, teniendo la portería contraria enfrente, pero no lo son tanto cuando se trata de jugar de espaldas a dicha portería. La causa es que su campo visual se encuentra restringido a la vez que los movimientos hacia atrás resultan difíciles. Un buen juego requiere que todos los jugadores aprendan esto, especialmente los delanteros, y en menor medida los medio centros, que recibirán muchos pases en el suelo y en el aire estando de espaldas a la portería. En estas circunstancias, los jóvenes jugadores deben aprender a proteger el balón, aguantarlo frente al ataque de sus oponentes y proporcionar pases precisos a los compañeros de equipo que llegan para apoyarles. También deben saber ver las oportunidades de sorprender al defensa que los marca y rebasarle para obtener una posición más ventajosa. Los ejercicios de este capítulo son una ayuda para los jugadores jóvenes que aprenderán a jugar de espaldas a la portería mientras en el proceso se van convirtiendo en mejores jugadores y más completos.

Jaime Redknapp, el medio centro inglés, está empezando a satisfacer su temprano potencial ahora que ha desarrollado su polifacético juego. Cuando recibe el balón de espaldas a la portería y con contrarios pisándole los talones puede girarse con el balón o aguantarlo hasta que lleguen los refuerzos.
Foto: Shaun Botterill

Ejercicio 86

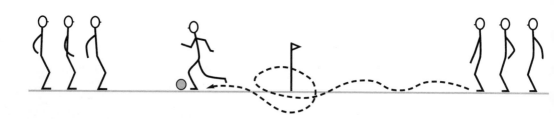

Propósito: Girar con el balón mientras se corre.

Desarrollo: Dos filas de jugadores se colocan enfrentadas a una distancia de 12 a 15 metros, con un banderín en el centro. El primer jugador de una de las filas comenzará a conducir el balón hacia el banderín y le dará una vuelta completa antes de conducir el balón hasta el jugador de la fila opuesta. El ejercicio se repetirá entonces en sentido contrario.

Equipamiento: Un banderín y un balón.

Progresión: Los jugadores usarán ambos pies y sus distintas partes cuando giren con el balón.

Ejercicio 87

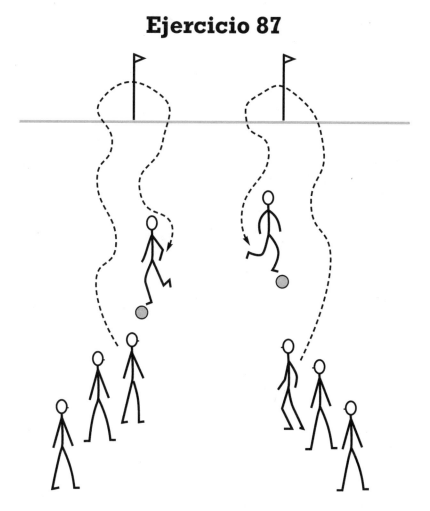

Propósito: Giros rápidos mientras se corre con el balón.

Desarrollo: Dos filas de jugadores se situarán paralelamente con un banderín enfrente de cada una, con una separación de 10 a 15 metros. El primer jugador de cada fila tendrá un balón, el cual conducirá simultáneamente hasta alcanzar la bandera, momento en que la rodean rápidamente con el balón y llevan éste de vuelta a su fila correspondiente para que el siguiente jugador continúe el ejercicio.

Equipamiento: Dos banderas y un balón por fila.

Progresión: Se puede establecer una competición en la que cada jugador debe repetir el ejercicio un número de veces o en un tiempo determinado.

Ejercicio 88

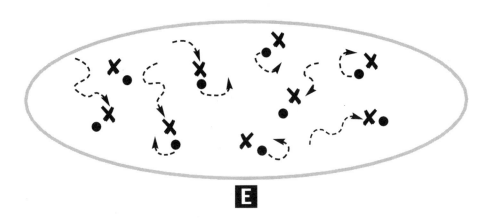

Propósito: Giros diversos con el balón.

Desarrollo: Varios jugadores con un balón cada uno regatearán dentro de un círculo de unos 10 metros de diámetro (aproximadamente el tamaño del círculo central) de manera que esté bastante congestionado. El entrenador llamará a «giro» o tocará el silbato para indicar a los jugadores que realicen un giro rápido con el balón antes de seguir regateando en espera de la próxima señal.

Equipamiento: Balones.

Progresión: Se debe mostrar a los jugadores diversos métodos de giro y amago que deberán practicar a la señal del entrenador.

Ejercicio 89

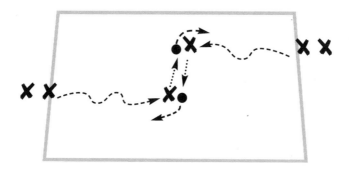

Propósito: Conducir y girar con el balón.

Desarrollo: Dos filas de jugadores se sitúan enfrentadas a una distancia de entre 10 y 12 metros pero ligeramente separadas lateralmente. El primer jugador de cada fila, provisto de un balón, comenzará a correr con él en línea recta hasta la mitad, donde ambos coincidirán. Parará el balón con el pie, lo dejará y recogerá el del compañero de la otra fila, que hará lo propio con el balón del primero. Ambos jugadores girarán y conducirán el balón hasta un compañero de su misma fila para que repita el ejercicio.

Equipamiento: Dos balones.

Progresión: Acelere el juego, y que giren con el balón de diferentes maneras.

Ejercicio 90

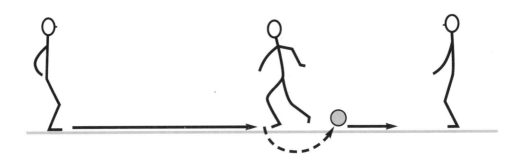

Propósito: Girar rápido con el balón.

Desarrollo: Se distribuyen los jugadores en grupos de tres, que se alinearán a una distancia de 3 ó 4 metros. Uno de los jugadores de los extremos, que tendrá un balón, lo pasará al jugador central, que se girará con no más de tres toques y lo pasará al otro compañero para que repita el ejercicio. Tras un número de pases o un tiempo establecido los jugadores cambiarán posiciones.

Equipamiento: Un balón.

Progresión: Reducir el número de toques máximo para el jugador central a dos, o que éste varíe su técnica con cada pase que reciba.

Ejercicio 91

Propósito: Giros rápidos con el balón.

Desarrollo: Los jugadores se reúnen en grupos de cuatro que se colocan en una línea; dos jugadores se sitúan espalda con espalda en el centro, a 3 ó 4 metros de los otros dos jugadores, que tendrán un balón cada uno. Los jugadores de fuera pasarán simultáneamente los balones hacia el centro, que se girarán con el balón para pasarlo al jugador contrario. Los jugadores del medio deberán usar el mismo pie y girarse en la misma dirección para evitar colisiones.

Equipamiento: Dos balones.

Progresión: Cambie a los jugadores tras un tiempo, acelere el entrenamiento y varíe las técnicas de giro.

Ejercicio 92

Propósito: Girar bajo acoso semiactivo.

Desarrollo: Dos filas de jugadores se sitúan enfrentadas con una separación de 10 a 12 metros, cada jugador con un balón. El primer jugador de cada fila conducirá su balón hacia la fila contraria. Cuando ambos jugadores se alcancen, más o menos a la mitad del camino, se girarán con el balón rodeándose mutuamente para después continuar hasta la fila opuesta, donde otros dos jugadores seguirán el ejercicio. Los jugadores deben recordar siempre usar el mismo pie y girarse hacia el mismo lado.

Equipamiento: Un balón por jugador.

Progresión: Los jugadores practicarán con ambos pies y usarán diversas técnicas.

Ejercicio 93

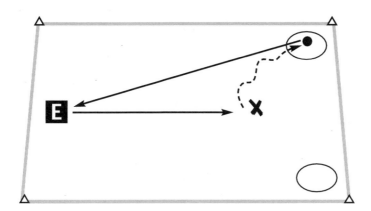

Propósito: Giros diversos con el balón.

Desarrollo: Se señala en el suelo un pequeño rectángulo de 15 por 8 metros. Se delimitan además dos círculos pequeños en dos esquinas detrás de un jugador situado frente al entrenador, quien tiene un balón a sus pies. El entrenador pasará el balón al jugador e indicará «derecha» o «izquierda», para que el jugador se gire e intente colocar el balón en el círculo correspondiente. Después pasará el balón al entrenador a la espera del siguiente pase. El jugador deberá emplear los dos pies.

Equipamiento: Un balón, cuatro conos y dos círculos marcados en el suelo.

Progresión: Se puede añadir más adelante un defensa que permanezca entre el jugador y los círculos.

Ejercicio 94

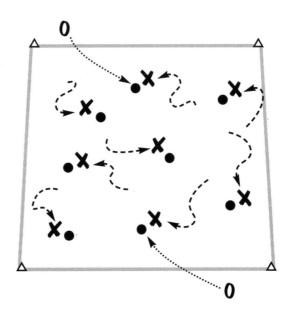

Propósito: Proteger el balón y girarse con él ante un contrario.

Desarrollo: Un grupo de jugadores, cada uno con un balón, regatearán dentro de un área cuadrada de 10 metros mientras dos defensas permanecen fuera del área. Cuando comience el ejercicio, los dos defensas atacarán a los jugadores que se encuentran dentro del área, que deben proteger el balón o girarse para escapar de sus oponentes. Si uno de los defensas roba el balón, se quedará con él, pasando el otro jugador a ser defensa, quien debe intentar obtener otro balón del mismo modo.

Equipamiento: Cuatro conos y bastantes balones.

Progresión: Añada más defensas, y asegúrese de que éstos entran correctamente y no comenten falta contra los jugadores que protegen el balón.

Ejercicio 95

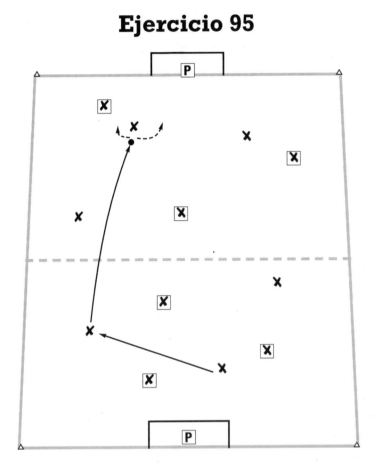

Propósito: Girar y proteger el balón en situaciones de juego reales.

Desarrollo: Se dispone un campo de 30 metros de largo por 25 de ancho, con una línea de medio campo y dos porterías móviles con sus correspondientes guardametas. Dos equipos de seis jugadores distribuyen a tres en posiciones defensivas dentro de su propia área, y a otros tres en posición de ataque en el área contraria. Los jugadores deberán permanecer en sus áreas y jugar 3 contra 3. Sólo se podrán marcar tantos desde el área contraria, lo que animará a los jugadores para que giren con el balón o lo protejan cuando sea necesario.

Equipamiento: Cuatro conos, dos porterías móviles y dos juegos de petos de colores.

Progresión: Añada un defensa extra en cada equipo para animar los giros y proteger el balón.

Capítulo 10

FINAL DE LA SESIÓN DE ENTRENAMIENTO

Es muy importante que los jóvenes disfruten con el fútbol. Con este fin, el entrenador debe siempre procurar acabar los entrenamientos con actividades que satisfagan dos necesidades de los jóvenes: primero, el trabajo al final debe ser más ligero física y mentalmente, a fin de permitir que el cuerpo y la mente vuelvan gradualmente a su estado normal. El entrenador debe alentar a los jóvenes a apreciar la necesidad de terminar la sesión de forma relajada para que el cuerpo se recupere por completo del desecho que generan los músculos a causa del ejercicio físico. En segundo lugar, el trabajo también es divertido cuando no se piensa tanto en el rendimiento y todos juegan juntos con alegría. Es una buena manera de terminar una sesión, pues alienta el tra-

bajo en equipo, la amistad y la deportividad en los jóvenes, a los que a este nivel les encanta sobre todo divertirse. Quite importancia al hecho de ganar cuando se compita en este nivel de la sesión. Deje que los jugadores disfruten del ejercicio y se relajen gradualmente, de manera que se convierta en una costumbre: una buena costumbre para los jóvenes.

Juan Veron, el medio centro argentino, es un corredor incansable, siempre en movimiento. Su extraordinario estado físico le permite moverse a lo largo de todo el campo durante todo el partido. La condición física de un jugador se forja en el campo de entrenamiento con la preparación y actividades adecuadas, incluido un calentamiento y relajación al final de la sesión de carácter intenso.
Foto: Claudio Villa

Ejercicio 96

Propósito: Carrera ligera y estímulo del sentimiento de equipo.

Desarrollo: Filas de cinco a ocho jugadores se colocan enfrente de un cono a una distancia de 15 a 20 metros. El primer jugador, que tendrá un balón en sus manos, correrá hasta el cono, lo rodeará y se volverá a colocar delante de la fila, de espaldas; luego pasará el balón por encima de su cabeza al jugador que tiene detrás, que a su vez lo pasará entre las piernas al jugador que se encuentra a su espalda, quien volverá a pasarlo como el primero, y así sucesivamente hasta que el balón llegue al último de la fila. Éste correrá de nuevo rodeando el cono y repetirá el ejercicio, hasta que se complete un número establecido de secuencias.

Equipamiento: Un balón y un cono.

Progresión: Los jugadores pueden conducir el balón cuando corren en vez de llevarlo en las manos.

Ejercicio 97

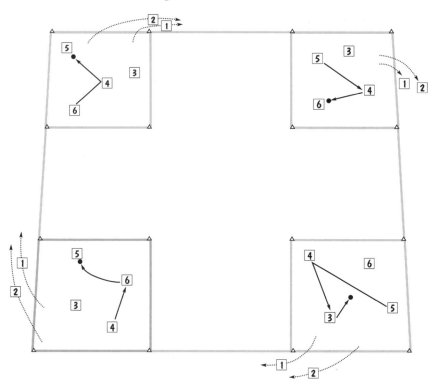

Propósito: Pases, movimiento y recuperación.

Desarrollo: En un cuadrado de 40 metros se marcan cuatro cuadrados más pequeños (12 metros) en las esquinas, y se sitúan entre seis y diez jugadores en cada uno. Se dejará un balón en el suelo en cada cuadrado, y se emparejará a los jugadores. Todos los jugadores se moverán y realizarán pases dentro de su área hasta que el entrenador toque el silbato: ésta es la señal para que la primera pareja de cada cuadrado corran juntos hacia fuera de su área, rodeando el cuadrado grande, mientras el resto siguen pasándose el balón. En el momento en que la pareja vuelva, se reincorporará al juego y la segunda pareja saldrá a dar la vuelta al campo. El ejercicio continuará hasta que todas las parejas hayan dado al menos una vuelta al circuito.

Equipamiento: Cuatro balones, dieciséis conos y cuatro juegos de petos de colores.

Progresión: Los jugadores pueden hacer estiramientos mientras dan la vuelta al cuadrado.

Ejercicio 98

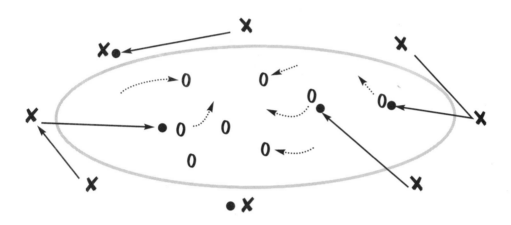

Propósito: Puntería y prácticas de agilidad.

Desarrollo: Se reúne a dos equipos de seis a ocho jugadores. Uno de estos equipos se situará dentro del círculo central (o en un pabellón cerrado similar) y el otro fuera del mismo, con balones. Los jugadores de fuera (los «tiradores») se pasarán el balón unos a otros e intentarán disparar el balón bajo para acertar a los jugadores de dentro (los «blancos»). En caso de dar a un jugador, éste estaría eliminado y dejaría el círculo. El entrenador cronometrará el tiempo que se tarda en dejar el círculo vacío. Los jugadores de ambos equipos no podrán invadir el área del contrario.

Equipamiento: Bastantes balones.

Progresión: Se cambian los equipos y se intenta batir la marca anterior abatiendo blancos más deprisa.

Ejercicio 99

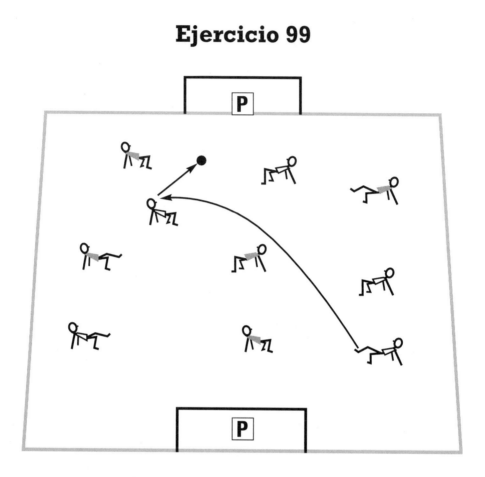

Propósito: Agilidad y diversión.

Desarrollo: Dos equipos juegan fútbol «de cangrejos» en un área de 20 por 15 metros con dos porterías móviles. Todos los jugadores deben moverse por el campo sin levantarse o arrodillarse. Pueden regatear el balón, hacer pases, remates de cabeza y disparos a puerta, pero sólo los porteros podrán usar las manos. (Este ejercicio se puede hacer también en un pabellón cerrado.)

Equipamiento: Dos porterías móviles, dos juegos de petos de colores y un balón blando.

Progresión: Los guardametas sólo podrán estar arrodillados para defender sus porterías.

Ejercicio 100

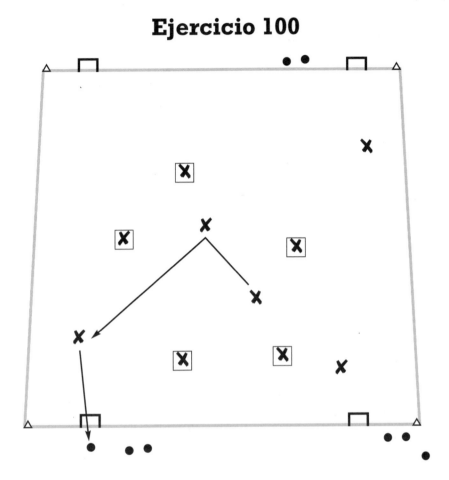

Propósito: Cambio de juego.

Desarrollo: Se instalarán cuatro porterías pequeñas (sobre 1 metro de ancho por unos 60 centímetros de altura) en las esquinas de un cuadrado de 25 metros. Dos equipos jugarán normalmente, sólo que deberán marcar en las dos porterías de enfrente mientras defienden las suyas propias. No habrá porteros, y se sumará un punto por cada gol marcado.

Equipamiento: Cuatro porterías, cuatro conos, dos juegos de petos de colores y balones.

Progresión: Se puede introducir otro balón en el juego.

Ejercicio 101

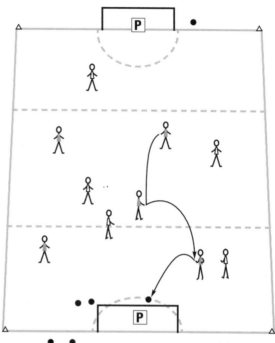

Propósito: Entretenimiento general, trabajo ligero y técnicas de manejo.

Desarrollo: En un área de 25 metros de largo por 20 de ancho se instalan dos porterías con guardametas a los que no se les permite abandonar un círculo de 5 metros de diámetro marcado delante de la portería. Se delimitan dos zonas de lanzamiento en ambos extremos del campo, desde las líneas de meta hasta unos 8 a 10 metros. Dos equipos juegan al balonmano modificado en el que pasarán el balón con la mano, asegurándose de no moverse cuando se esté en posesión del balón (sin el balón podrán desplazarse con libertad). Para marcar, lanzarán a la portería mientras el guardameta intenta evitar el gol. Sin embargo, deben estar en la zona de disparo para tirar a puerta. Si un jugador no recoge un pase, el balón toca el suelo, o un defensa intercepta el pase (sin entrar al balón), el equipo opuesto consigue la posesión del balón.

Equipamiento: Cuatro conos, dos porterías móviles, dos juegos de petos de colores y balones.

Progresión: Introduzca una regla que obligue a los jugadores a pasar en dos o tres segundos bajo pena de perder la posesión del balón.